www.ingramcontent.com/pod-product-compliance
Lightning Source LLC
LaVergne TN
LVHW010559070526
838199LV00063BA/5017

ویرا: انقلاب روس کی خونی داستان

(آسکر وائیلڈ کا شاہکار - چار ایکٹ میں ایک حزنیہ)

مترجم:

سعادت حسن منٹو

© Taemeer Publications LLC

Vera : Inquilab-e-Ruus ki khooni Daastaan

by: Saadat Hasan Manto

Edition: October '2023
Publisher & Printer:
Taemeer Publications LLC (Michigan, USA / Hyderabad, India)

ISBN 978-93-5872-721-0

9 789358 727210

مصنف یا ناشر کی پیشگی اجازت کے بغیر اس کتاب کا کوئی بھی حصہ کسی بھی شکل میں بشمول ویب سائٹ پر اَپ لوڈنگ کے لیے استعمال نہ کیا جائے۔ نیز اس کتاب پر کسی بھی قسم کے تنازع کو نمٹانے کا اختیار صرف حیدرآباد (تلنگانہ) کی عدلیہ کو ہو گا۔

© تعمیر پبلی کیشنز

کتاب	:	**ویرا: انقلاب روس کی خونی داستان**
مترجم	:	**سعادت حسن منٹو**
صنف	:	ڈراما
ناشر	:	تعمیر پبلی کیشنز (حیدرآباد، انڈیا)
سالِ اشاعت	:	۲۰۲۳ء
صفحات	:	۹۰
سرورق ڈیزائن	:	تعمیر ویب ڈیزائن

فہرست

	تعارف	6
(۱)	افراد تمہید	7
(۲)	تمہید	8
(۳)	افراد تمثیل	18
(۴)	پہلا ایکٹ	19
(۵)	دوسرا ایکٹ	38
(۶)	تیسرا ایکٹ	60
(۷)	چوتھا ایکٹ	78

تعارف

منٹو نے اپنے ادبی سفر کا آغاز وکٹر ہیوگو کی کتاب The Last day of a condemned Prisoner کے ترجمے سے کیا تھا۔ منٹو کے اس ترجمے کو ۱۹۳۳ء میں "سر گزشت اسیر" کے نام شائع کیا گیا۔ اسی کتاب کو بعد ازاں "پھانسی" کا عنوان دیا گیا۔ اس ترجمہ شدہ کتاب کی پذیرائی کے بعد منٹو نے روسی افسانوں کے تراجم کا سلسلہ شروع کیا۔ سب سے پہلے جس افسانے کا ترجمہ کیا گیا اس کا نام "جادوگر" تھا۔ اس کے علاوہ ٹالسٹائی کے افسانے کا ترجمہ "شیطان اور یثرب"، افانیف کی کہانی کا ترجمہ "سپاہی اور موت"، گورکی کے افسانے کا ترجمہ "چھبیس مزدور اور ایک دوشیزہ" کے نام سے شائع ہوا۔

باری علیگ کی رہنمائی اور رفاقت کے سبب منٹو کے دوستوں (جن میں حسن عباس اور ابو سعید قریشی بھی شامل تھے) نے بھی لکھنے کی طرف توجہ دی۔ چنانچہ ان تینوں نے مل کر آسکر وائلڈ کے مشہور و مقبول ڈرامے "ویرا" کا اردو ترجمہ کیا جو ۱۹۳۴ء میں شائع ہوا۔

انقلاب روس کے موضوع پر لکھے جانے والے آسکر وائلڈ کے اس ڈرامے کی اشاعت نے اپنے دور میں ایک ہنگامہ برپا کر دیا تھا۔ اس اردو ترجمے کے باعث برطانوی سامراج کے محلات میں ہل چل مچ گئی جس سے منٹو کی ادبی اور عوامی حلقوں میں مقبولیت میں اضافہ ہوتا چلا گیا۔

افراد تمہید

پیٹر سیبوروف	---	سرائے کا مالک
ویرا سیبوروف	---	پیٹر کی لڑکی
مچل	---	ایک دہقان
مقام:	---	روس
زمانہ:	---	۱۷۹۵ء

تمہید

ایک روسی سرائے

منظر:

(ایک بڑا دروازہ جو سٹیج کے پشت پر برفانی منظر کی طرف کھلتا ہے)

(پیٹر اور مچل باہم گفتگو کر رہے ہیں)

پیٹر: (آگ تاپتے ہوئے) مچل! ویرا واپس نہیں آئی کیا؟

مچل: نہیں! پیٹر! ابھی۔۔۔ تو نہیں آئی۔ ڈاک خانہ یہاں سے تین میل دور ہے۔ اس کے علاوہ اسے ابھی دودھ بھی تو دوہنا ہے!

پیٹر: احمق کہیں کے۔۔۔ اس کے ساتھ کیوں نہیں گئے؟ وہ تم سے ہر گز پیار نہ کرے گی۔ جب تک تم سائے کی طرح اس کا پیچھا نہ کرو۔ عورتیں ستایا جانا پسند کرتی ہیں۔

مچل: اس کے خیال میں میں اسے پہلے ہی سے بہت تنگ کر رہا ہوں۔ پیٹر! وہ کبھی مجھ سے محبت نہیں کرے گی۔

پیٹر: چھوڑو بھی! آخر کیوں نہ کرے گی؟ کیا تم پرنس مارلوفسکی کے ملازم نہیں؟ تمہارے پاس ایک چھوٹی سی چراگاہ بھی ہے۔ اس کے علاوہ تمہاری گائے گاؤں بھر میں سب سے اچھی ہے۔ ایک لڑکی اس سے زیادہ کیا خواہش کر سکتی ہے؟

مچل: لیکن ویرا

پیٹر: میرے عزیز! ویرا مختلف الخیال ہے۔ ذاتی طور پر میں خیالات کا قائل نہیں۔ میری زندگی غور و فکر کے بغیر ہی اچھی ہے۔ میری خواہش ہے کہ میرے بچے بھی ایسے ہی ہوں متری، یہاں رہ کر سرائے کا مالک بن سکتا تھا۔ کساد بازاری کے ان ایام میں

ہزاروں نوجوان یہاں کام کرنے کو تیار ہیں۔ لیکن پراگندہ خیال متری قانون کے مطالعہ کے لئے ماسکو پہنچ چکا ہے۔ اسے بھلا قانون کی کیا ضرورت ہے۔ جب انسان دنیا میں فرض بجالائے۔ تو اسے کیونکر تکلیف پہنچائی جاسکتی ہے؟

مچل: لیکن پیٹر! ایک اچھا قانون داں جتنی مرتبہ چاہے قانون شکنی کرسکتا ہے۔

پیٹر: بس یہی اس کا کام ہے! گزشتہ چار ماہ سے اس نے ہمیں ایک حرف تک نہیں لکھا۔۔۔ اچھا فرمانبردار لڑکا ہے!

مچل: نہیں پیٹر! متری کے خطوط گم ہو جاتے ہوں گے۔ شاید نیا ڈاکیہ اچھی طرح پڑھ نہیں سکتا۔ بدھو سا تو معلوم ہوتا ہے۔۔۔ متری گاؤں میں بہترین شخصیت کا مالک تھا۔ تو کیا آپ کو یاد ہے۔ گزشتہ موسم سرما میں اس نے ریچھ کو کس طرح شکار کیا؟

پیٹر: نشانہ خوب تھا۔

مچل: ناچنے میں بھی اسے کمال حاصل ہے۔

پیٹر: خوب زندہ دل لڑکا ہے۔۔۔ ایک ویرا ہی ایسی لڑکی ہے جس میں راہبوں ایسی سنجیدگی اور متانت موجود ہے۔

مچل: ویرا ہمیشہ دوسروں کی فکر میں رہتی ہے۔

پیٹر: یہی اس کی غلطی ہے۔ خدا اور زار کا کام ہے کہ دنیا کی نگہبانی کریں۔ یہ میرا کام نہیں کہ میں ہمسایہ کے جھگڑے چکاؤں۔ گزشتہ موسم سرما میں بوڑھا مچل برف باری میں ٹھٹھر ٹھٹھر کر مر گیا۔ اس کی بیوی اور بچے چند دنوں بعد سسک سسک کر جان دے گئے۔ مجھے اس سے کیا غرض؟۔۔۔ میں نے دنیا نہیں بنائی، خدا اور زار اس کی حفاظت کیا کریں۔۔۔ اس کے بعد طاعون نے بستیوں کو گورستان بنادیا پادری لاشوں کو سپرد خاک نہ کرسکے۔ کوچہ و بازار میں انسانی لاشیں دکھائی دیتیں لیکن مجھے اس سے کیا غرض؟۔۔۔

میں نے دنیا نہیں بنائی۔ خدا اور زار اس کی حفاظت کیا کریں! دو برس ہوئے دریا کی طغیانی نے طفلان مکتب کو موت کی تعلیم دی۔ ان کا مدرسہ غرق دریا ہو گیا۔ لیکن میں نے دنیا نہیں بنائی؟۔۔۔ خدا اور زار اس کی حفاظت کیا کریں!

مچل: لیکن پیٹر۔۔۔!

پیٹر: نہیں نہیں! میرے لڑکے! شہر کی فکر میں دبلا ہونے والا قاضی اپنی زندگی کے سانس پورے نہیں کر سکتا۔

(ویرا دہقانی لباس میں داخل ہوتی ہے)

بیٹی تم نے بہت دیر کی خط کہاں ہے؟

ویرا: آج تو کوئی خط نہیں آیا ابا!

پیٹر: مجھے پہلے ہی معلوم تھا!

ویرا: ابا! امید ہے۔ کل ضرور خط آئے گا۔

پیٹر: لعنت بھیجو۔۔۔ ناشکر گزار بیٹا!

ویرا: ابا! ایسا نہ کہئے۔ خدا نہ کرے۔ مگر شاید وہ بیمار ہو۔

پیٹر: عیش و نشاط کا بیمار!

ویرا: نہیں نہیں ابا ایسا نہ کہئے متری ایسا نہیں کر سکتا۔

پیٹر: روپیہ کہاں جاتا ہے۔ آخر! سنو مچل میں نے متری کو تعلیم دینے کے لئے اس کی والدہ کی نصف جائداد وقف کر دی۔ مگر اس کی حرکت دیکھو! اب تک اس کے صرف تین خط آئے ہیں۔ جن میں ہر بار روپیہ کا مطالبہ ہے۔ حالانکہ اسے روپیہ برابر ملتا رہا۔ یہ الگ بات ہے کہ میں یہ روپیہ اس کی خاطر بھیجتا رہا ہوں۔ (ویرا کی طرف اشارہ کرتا ہے) اس کا بدلہ اس نے یہ دیا کہ پانچ ماہ سے کوئی خبر نہیں!

ویرا: ابا وہ واپس آجائے گا۔

پیٹر: ٹھیک کہتی ہو! آوارہ مزاج ہمیشہ واپس لوٹتے ہیں۔ لیکن اسے اپنے وجود سے میرے مکان کو تاریک نہیں کرنا چاہیئے۔

ویرا: (بیٹھ کر غور کرتی ہے) اس پر ضرور کوئی نہ کوئی آفت آئی ہے۔ شاید وہ مر چکا ہے! آہ! مچل! مجھے متری کا بہت فکر ہے!

مچل: کیا تم متری کے سوا کسی اور سے محبت نہیں کر سکتیں؟

ویرا: (مسکراتی ہوئی) میں نہیں جانتی۔ دنیا میں محبت کے علاوہ اور بہت کچھ ہے۔

مچل: محبت کے سوا اور کچھ نہیں ویرا

پیٹر: یہ کیسا شور ہے ویرا؟

(آہنی زنجیروں کی جھنجھناہٹ سنائی دیتی ہے)

ویرا: (دروازے کی طرف جاتی ہے) میں نہیں جانتی۔ یہ شور چوپایوں کی گھنٹیوں ایسا نہیں۔ ورنہ میں خیال کرتی کہ نکولس میلہ سے واپس آگیا۔ اوہو؟ یہ تو سپاہی ہیں ابا! جو پہاڑی سے نیچے اتر رہے ہیں۔ چند قیدی بھی دکھائی دیتے ہیں۔۔۔ ڈاکو ہوں گے؟ اندر نہ آنے دیجیئے انہیں۔ میں انہیں دیکھنا نہیں چاہتی!

پیٹر: آہنی زنجیروں میں جکڑے ہوئے انسان! میری بیٹی ہم خوش قسمت ہیں۔ میں نے سن رکھا تھا۔ کہ سائبیریا جانے والے کچھ قیدی اس راستہ سے گزریں گے۔ میری قسمت کے ستارے موافقت کر رہے ہیں۔ خوش ہو ویرا! خوش ہو! میں دولت مند انسان ہو کر مروں گا۔ اب گاہکوں کی کمی نہ ہو گی۔ ایماندار آدمی کا فرض ہے کہ وہ بدکرداروں سے اپنی۔۔۔ روزی کا سامان پیدا کرے۔

ویرا: کیا یہ بدکردار ہیں ابا۔۔۔ بھلا ان کا قصور؟

پیٹر: میری دانست میں انقلاب پسند ہیں۔ جن سے اجتناب کے لئے ہم سے کہا جاتا ہے۔ بیکار کیوں کھڑی ہو بیٹی؟

ویرا: تو کیا یہ سب بدکردار ہیں؟

(سپاہیوں کی آواز۔ ٹھہرو۔ روسی افسر قیدیوں سمیت اندر داخل ہوتا ہے۔ داخل ہوتے وقت ایک قیدی اپنے کوٹ سے چہرہ چھپا لیتا ہے۔ بعض سپاہی پہرہ دیتے ہیں۔ بعض بیٹھ جاتے ہیں۔ تمام قیدی کھڑے ہیں)

کرنل: سرائے کا محافظ!

پیٹر: جناب!

کرنل: (انقلاب پسند قیدیوں کی طرف اشارہ کرتے ہوئے) ان لوگوں کو کچھ کھانے کے لئے دو۔

پیٹر: (اپنے آپ سے) یہ سودا نفع بخش معلوم نہیں ہوتا۔

کرنل: ہمارے کھانے کے لئے تیرے پاس کیا موجود ہے؟

پیٹر: خشک گوشت اور جو کی شراب حاضر ہے جناب!

کرنل: اور بھی کچھ ہے؟

پیٹر: آپ کے حکم پر دوسری قسم کی شرابیں بھی مل سکتی ہیں!

کرنل: یہ دہقانی کس قدر غلیظ ہیں۔۔۔ تمہارے پاس اس سے اچھا کمرہ ہے کیا؟

پیٹر: جناب!

کرنل: مجھے وہاں لے چلو۔ سارجنٹ! باہر پہرہ کا انتظام کرو اور خیال رکھو یہ بد معاش کسی سے گفتگو نہ کرنے پائیں۔۔۔ کسی قسم کی خط و کتابت نہ ہونے پائے۔ ورنہ ذلیل کتو! پٹو گے! (پیٹر کی طرف اشارہ کرتے ہوئے) ایک طرف ہٹو پاجی! یہ کون لڑکی

ہے (ویرا کی طرف دیکھتا ہے)

پیٹر: اعلیٰ حضرت یہ میری بیٹی ہے۔

کرنل: لکھ پڑھ سکتی ہے کیا؟

پیٹر: جی ہاں!

کرنل: تب تو خطرناک عورت ہے۔ ہر دہقانی کو لکھنے پڑھنے سے باز رکھنا چاہئے۔ کھیتوں میں ہل چلاؤ۔ فصلیں کاٹو۔ لگان ادا کرو۔ آقاؤں کی فرمانبرداری کرو۔۔۔ بس یہی تمہارا فرض ہے۔

ویرا: ہمارے آقا کون ہیں؟

کرنل: جوان لڑکی! یہ لوگ اسی قسم کے مہمل سوال پوچھنے پر عمر بھر کے لئے قید کئے جارہے ہیں۔

ویرا: تب انہیں غیر عادلانہ طریق پر سزائیں دی گئیں!

پیٹر: ویرا! خاموش! جناب یہ بیوقوف لڑکی دن بھر بکواس کرتی ہے۔

کرنل: ہر ایک عورت باتونی ہوتی ہے۔ خیر کونٹ میں تمہارا انتظار کر رہا ہوں۔ تم ایک کھردرے ہاتھوں والی لڑکی سے کیا توقع کر سکتے ہو۔ (وہ اپنے محافظ خاص اور پیٹر سمیت اندرونی کمرے میں داخل ہوتا ہے)

ویرا: (ایک انقلاب پسند سے) بیٹھتے کیوں نہیں؟ تھکے ہوئے معلوم ہوتے ہو؟

سارجنٹ: لڑکی! خبردار کسی قسم کی گفتگو نہ ہونے پائے۔

ویرا: میں ان سے گفتگو کرنا چاہتی ہوں۔ بتاؤ کیا قیمت طلب کرو گے؟

سارجنٹ: تمہارے پاس کیا ہے؟

ویرا: کیا تم اس قیمت پر قیدیوں کو بیٹھنے کی اجازت دے سکتے ہو۔ (اپنا ہار دکھاتی

ہے) میرے پاس یہی ہے۔

سارجنٹ: اوہ! ہے تو خوبصورت اور وزنی بھی!... کیا چاہتی ہو ان قیدیوں سے۔

ویرا: وہ غریب بھوکے اور تھکے ہوئے ہیں۔ میں ان کے لئے کچھ کھانے کو لانا چاہتی ہوں۔

ایک سپاہی: اگر کچھ دے سکتی ہے۔ تو جانے دو۔

سارجنٹ: جاؤ! لیکن اگر کرنل دیکھ لے تو فوراً واپس آجانا۔

ویرا: (انقلاب پسندوں کی طرف بڑھتی ہے) بیٹھ جاؤ۔ تم ضرور تھکے ہوئے ہو گے (انہیں کھانا دیتی ہے) تم کون ہو؟

قیدی: انقلاب پسند!

ویرا: یہ زنجیریں تمہیں کس نے پہنائیں؟

قیدی: ہمارے "باپ" زار نے۔

ویرا: کیوں!

قیدی: آزادی کی محبت کے صلے میں۔

(منہ چھپائے قیدی کی طرف) تم کیا چاہتے ہو؟

متری: تین کروڑ انسانوں کی جو ایک انسان کے غلام بنے ہوئے تھے۔۔۔ رہائی۔

ویرا: (آواز پہچانتی ہے) تمہارا نام؟

متری: میرا کوئی نام نہیں۔

ویرا: تمہارے دوست؟

متری: میرا کوئی دوست نہیں!

ویرا: مجھے اپنا چہرہ دکھاؤ۔

متری: تمہیں اس پر سوائے اذیت کے کچھ دکھائی نہ دے گا۔ میں بہت تکالیف برداشت کر چکا ہوں۔

ویرا: (قیدی کے منہ سے کوٹ اتارتی ہے) میرے خدا متری میرا بھائی!!

متری: چپ رہو ویرا! ابا کو اس کی خبر نہ ہونے پائے۔۔۔ وہ مر جائے گا میرا خیال تھا میں روس کو آزادی دلاؤں گا۔ ایک رات قہوہ خانہ میں میں نے آزادی کے متعلق لوگوں کو گفتگو کرتے سنا اس سے پہلے میرے کان آزادی کے لفظ سے نا آشنا تھے۔ میرے لئے یہ لفظ ایک جدید تخیل سے کم نہ تھا۔ میں ان میں شامل ہو گیا۔ تمام روپیہ وہیں صرف ہوتا رہا۔ پانچ ماہ ہوئے ہمیں گرفتار کر لیا گیا۔ اب میں عمر بھر کے لئے سائبیریا جا رہا ہوں۔ میں خط نہ لکھ سکا میرے خیال میں بہتر تھا کہ آپ لوگ مجھے مردہ تصور کرتے۔ جبکہ وہ مجھے زندہ در گور کر رہے ہیں۔

ویرا: (ادھر ادھر دیکھتی ہے) بھاگ جاؤ متری! تمہاری جگہ میں لے لیتی ہوں۔

متری: ناممکن! تم صرف ہمارا انتقام لے سکتی ہو۔

ویرا: میں تمہارا انتقام لوں گی۔

متری: سنو! ماسکو میں ایک مکان ہے۔۔۔

سارجنٹ: قیدیو! خبردار کرنل آ رہا ہے۔۔۔ لڑکی! تمہارا وقت ختم ہو چکا۔

(کرنل، محافظ خاص اور پیٹر داخل ہوتے ہیں)

پیٹر: مجھے امید ہے اعلیٰ حضرت ماحضر سے خوش ہوئے ہوں گے۔

کرنل: بہتر ہوتا تم اس کے متعلق گفتگو نہ کرتے۔ سارجنٹ تیار ہو جاؤ۔

(پیٹر کو روپیہ دیتا ہے) یہ لو مکار انسان!

پیٹر: میں خوش قسمت ہوں۔ خدا آپ کی عمر دراز کرے۔ گاہے گاہے تشریف

لاتے رہئے گا اعلیٰ حضرت!

کرنل: قسم ہے نکولس پادری کی! اس طرف کبھی رخ نہ کروں گا۔ میرے لئے یہاں ناقابل برداشت سردی ہے (ویرا سے) نوجوان لڑکی! فضول اور بیہودہ سوال مت کیا کرو۔ تمہارے حسین چہرہ کو ہرگز نہ بھولوں گا۔

ویرا: میں بھی تمہارے افعال کو ہرگز فراموش نہ کروں گی۔

کرنل: تم دہقانی روز بروز بد معاش ہوتے جاتے ہو۔ سیاسیات سیکھنے کے لئے تمہارے لئے تازیانہ بہترین استاد ہے۔ سارجنٹ بڑھو! (کرنل گھوم کر سٹیج کے ایک طرف چلا جاتا ہے۔ قیدی باہر نکلتے ہیں۔ متری گزرتے وقت ویرا کے قریب ایک کاغذ پھینکتا ہے جس پر وہ پاؤں رکھ دیتی ہے)

پیٹر: (روپیہ گن رہا ہے) زندہ باش اعلیٰ حضرت! میں دوسرے گروہ کا منتظر ہوں۔

(معاً متری کو دروازے سے باہر جاتے دیکھ کر چیختا ہے) متری! متری!! میرے خدا، تم یہاں کیسے آئے؟ وہ معصوم ہے! میں اس کے لئے روپیہ دینے کو تیار ہوں۔ اپنا روپیہ واپس لے لو (روپیہ زمین پر پھینک دیتا ہے) جو کچھ میرے پاس موجود ہے لے لو۔ صرف میرا بیٹا واپس دے دو۔ مکارو! عیارو! اسے کہاں لے جاتے ہو؟

کرنل: بوڑھے! سائبیریا میں۔

پیٹر: نہیں! نہیں! اس کی جگہ مجھے لے جاؤ۔

کرنل: وہ انقلاب پسند ہے۔

پیٹر: جھوٹ! سراسر جھوٹ! وہ معصوم ہے (سپاہی سنگینوں سے اسے ایک طرف ہٹا دیتے ہیں) متری! متری!! ایک انقلاب پسند!!! (فرش پر گرتا ہے)

ویرا: (کاغذ اٹھا کر پڑھتی ہے) "۹۹ شارع چرنیویا۔۔۔ اپنی فطرت کی ہلاکت، حسن و

عشق سے بیگانگی، ازدواجی زندگی سے پرہیز، رحم و کرم سے نا آشنائی۔۔۔ حتیٰ کہ مقررہ ساعت آن پہنچی میرے بھائی میں اپنا عہد کبھی نہ توڑوں گی (کاغذ کو چومتی ہے) تمہارا انتقام لیا جائے گا (ویرا خاموش کھڑی ہے۔ ہاتھ میں کاغذ کا ٹکڑا ہے پیٹر فرش پر بیہوش پڑا ہے۔ مچل جو ابھی آیا ہے پیٹر پر جھکا ہوا ہے)

افراد تمثیل

ایوان	---	زار روس
شہزاد پال مارلوفسکی	---	وزیر اعظم
شہزادہ پیٹر دوخ	---	درباری
ماؤکوئس ڈی پاؤف رارڈ	---	درباری
بیرن راف	---	درباری
جنزل کوٹ کن	---	سالار پولیس
پیٹر	---	انقلاب پسند جماعت کا صدر
الیکسنر	---	طب کا طالب علم (زار کا بیٹا)
مارفا	---	پروفیسر (سازشی)
ویرا	---	پیٹر سرائے دار کی لڑکی (سازشی)
دیگر	---	سپاہی، خادم اور سازشی وغیرہ
مقام:	---	ماسکو
زمانہ:	---	۱۸۰۰ء

پہلا ایکٹ

(منظر:۔ ۹۹ شارع چرنیویا ماسکو)

(سقفی چراغ روشن ہیں۔ نقاب پوش تھوڑے تھوڑے فاصلہ پر کھڑے ہیں۔ سرخ نقاب پوش میز پر بیٹھا لکھ رہا ہے۔ پشت کے دروازے پر ایک شخص زرد لبادہ میں ملبوس پہرہ دے رہا ہے۔ دروازہ کھٹکھٹاتا ہے۔ چند نقاب پوش داخل ہوتے ہیں)

صورت خاص: پروکروئم ایڈلیوسم

جواب: پروسینگونم ایڈلبرٹیٹم۔

(گھڑی کچھ بجاتی ہے۔ سازشی نصف دائرہ کی شکل میں بیٹھ جاتے ہیں)

صدر: لفظ؟

پہلا سازشی: نابط

صدر: جواب؟

دوسرا سازشی: کالط۔

صدر: وقت؟

تیسرا سازشی: ساعت اذیت!

صدر: دن؟

چوتھا سازشی: یوم استبداد۔

صدر: سال؟

پانچواں سازشی: انقلاب فرانس کے بعد نواں سال۔

صدر: ہم تعداد میں کتنے ہیں؟

چھٹا سازشی: دس، نو اور تین۔

صدر: مسیح کے پیش نظر فتح عالم نہ تھی۔ لیکن ہمارا مقصد کیا ہے؟

ساتواں سازشی: آزادی۔

صدر: ہمارا مذہب؟

آٹھواں سازشی: غارت گری۔

صدر: ہمارا فرض؟

نواں سازشی: اطاعت

صدر: بھائیو! سوالات کے جواب ہو چکے اب یہاں انقلاب پسندوں کے سوا اور کوئی نہیں۔ آؤ ہم ایک دوسرے کے چہرے دیکھیں۔ سازشی نقاب اتارتے ہیں) مچل! پیمان وفا کو دہراؤ۔

مچل: اپنی فطرت کی ہلاکت، حسن و عشق سے بیگانگی، ازدواجی زندگی سے پرہیز۔ رحم و استرحام سے ناآشنائی۔۔۔ حتیٰ کہ مقررہ ساعت آن پہنچے۔۔۔ رات کی سیاہی میں خنجر اور زہر کا بے خوف استعمال باپ کو بیٹے، بیوی کو خاوند کے خلاف اکسانا۔ امید۔ خوف اور مستقبل سے بے پرواہ ہو کر اذیت سہنا۔ قتل! غارت گری!! انتقام!!!

صدر: کیا ہم سب متفق ہیں؟

سازشی: ہم سب متفق ہیں (اس پر وہ سٹیج کی مختلف سمتوں میں منتشر ہو جاتے ہیں)

صدر: وقت ہو چکا ہے مچل! لیکن وہ ابھی تک نہیں آئی!

مچل: ہم اس کے بغیر کچھ نہیں کر سکتے۔

الیکسنر: کہیں گرفتار نہ ہو گئی ہو صدر! پولیس اس کی تلاش میں ہے۔

مچل: تم پولیس کی نقل و حرکت سے خوب واقف معلوم ہوتے ہو۔۔۔ دیانت دار سازشی سے یہ توقع نہیں ہو سکتی۔

صدر: اگر ذلیل کتوں نے اسے گرفتار کر لیا۔ تو جمہور کا سرخ جھنڈا ہر در و دیوار پر لہرائے گا۔ یہاں تک ہم اسے پالیں گے۔ اس کی حماقت تھی کہ وہ گرانڈ ڈیوک کے ناچ میں شریک ہوئی۔ میں نے جب اسے خطرے سے آگاہ کیا۔ تو اس نے جواب دیا۔ کہ وہ زار کے ملعون و مطعون چہرے کو اپنی آنکھوں سے دیکھے گی۔

الیکسنر: وہ شاہی رقص میں گئی ہے کیا؟

مچل: مجھے اطمینان ہے اس کا گرفتار کرنا اسی قدر مشکل ہے جس قدر ایک بھیڑیئے کا۔ وہ بھیس تبدیل کئے ہوئے ہے۔ شاہی محل سے کوئی خبر نہیں آئی کیا؟۔۔۔ وہ خونی بادشاہ سوائے اپنے بیٹے کو تکلیف دینے کے اور کیا کر رہا ہو گا؟ کیا تم میں سے کسی نے اسے دیکھا؟ اس کے متعلق چہ میگوئیاں ہو رہی ہیں۔ لوگ کہتے ہیں اسے عوام سے محبت ہے۔ مگر بادشاہ کا بیٹا ایسا نہیں کر سکتا۔۔۔ اس کی تربیت اس قسم کی نہیں ہو سکتی!

صدر: جب سے وہ غیر ممالک کی سیاحت سے واپس آیا ہے قلعہ میں قید ہے۔

مچل: زار کے بعد ظلم کی گدی سنبھالنے کے لئے بہترین قسم کی تعلیم!۔۔۔ کوئی خبر؟

صدر: کل چار بجے اجلاس ہو گا۔ لیکن متنازعہ مسائل کا کوئی جاسوس پتہ نہ لگا سکا۔

مچل: شاہی محلات میں اس قسم کے اجلاس سوائے خون و آتش پر منتج ہونے کے کیا ہو سکتے ہیں؟۔۔۔ اجلاس کس کمرہ میں ہو گا؟

صدر: (خط پڑھتے ہوئے) اس کمرہ میں جو ملکہ کیتھرین کے نام سے منسوب ہے۔

مچل: مجھے اس قسم کے لمبے چوڑے ناموں سے کیا تعلق۔۔۔ میں دریافت کرتا

ہوں۔ یہ کمرہ ہے کہاں؟

صدر: میں نہیں بتا سکتا مچل! مجھے شاہی محلات کی نسبت جیل خانوں سے زیادہ واقفیت ہے۔

مچل: (الیکسنر سے) یہ کمرہ کہاں واقع ہے؟

الیکسنر: پہلی منزل پر! مگر تم کیوں دریافت کر رہے ہو مچل؟

مچل: کچھ نہیں! کچھ نہیں دوست! میں زار کی نقل و حرکت سے زیادہ دلچسپی رکھتا ہوں کہ تم مجھے شاہی محلات کی نسبت خبریں بہم پہنچا سکتے ہوں۔ طب کا ہر ادنیٰ طالب علم شاہی محلات سے واقف ہے۔ کیا یہ ان کا فرض نہیں؟

الیکسنر: (اپنے آپ سے) کہیں مچل مجھے شک کی نظروں سے تو نہیں دیکھتا؟ آج کچھ مختلف سا نظر آ رہا ہے۔۔۔ وہ ابھی تک کیوں نہیں آئی؟ انقلاب کی آگ اس کی عدم موجودگی میں راکھ کا ڈھیر نظر آتی ہے۔

مچل: تم نے ہسپتال میں کے مریضوں کو رو بصحت کیا؟

الیکسنر: صرف ایک مریض بستر مرگ پر پڑا ہے۔

مچل: وہ کون؟

الیکسنر: ہماری مادر وطن روس!

مچل: اس مریضہ پر عمل جراحی کے لئے تیز اور آبدار نشتر کی ضرورت ہے۔ مجھے تمہاری طبابت کے طریقوں سے اتفاق نہیں

صدر: پروفیسر! ہم نے تمہارے مقالہ کا مسودہ دیکھا۔ بہت اچھا۔

مچل: کس کے متعلق ہے پروفیسر؟

پروفیسر: اس کا موضوع "سیاسی اصلاحات میں تلوار اور خون کا حصہ" ہے۔

مچل: میں انقلاب میں قلم اور سیاہی کے متعلق بہت کم سوچا کرتا ہوں۔ کیونکہ لوہے کا ایک خنجر ہزار الفاظ پر حاوی ہے۔ مگر پھر بھی ہمیں پروفیسر کی آخری تحریر ضرور پڑھنی چاہئے۔۔۔ مجھے دیجئے میں اسے خود پڑھتا ہوں۔

پروفیسر: اگر الیکسنر پڑھے تو اچھا ہے۔ کیونکہ آپ پڑھتے وقت مناسب جگہوں پر نہیں ٹھہرتے۔

مچل: تقریر کے معاملہ میں وہ بھی کسی نوجوان رئیس کے مانند ہے۔ اپنی نسبت صرف اس قدر کہہ سکتا ہوں کہ میں ان پابندیوں کا حامل نہیں۔ بشرطیکہ مطلب صاف ہو۔

الیکسنر: (بڑھتے ہوئے) ماضی "ظالم" کی ملکیت تھی جس نے اسے بگاڑ دیا، اب مستقبل کے ہم مالک ہیں مقدس بنا کر چھوڑیں گے! ہاں ہمیں اپنا مستقبل منور بنانا چاہئے۔ کم از کم ایک انقلاب برپا ہو۔ جو جرم کی لعنت اور خون کے دھبوں سے پاک ہو۔

مچل: وہ ہم پر تلوار کے زور سے حکومت کرتے رہے۔ تلوار ہی ان کا جواب ہو گا۔ الیکسنر تم ایسے نازک، انقلاب پسند جماعت کے کارکن نہیں بن سکتے۔ ہمارے درمیان کوئی ایسا شخص موجود نہیں ہونا چاہئے جس کے ہاتھ محنت و مشقت کی وجہ سے کھردرے یا خون سے رنگے نہ ہوں۔

صدر: تحمل کرو مچل!۔۔۔ الیکسنر بہت بہادر ہے۔

مچل: (اپنے آپ سے) آج رات اسے ضرور بہادر بننا پڑے گا۔

(باہر گھنٹیوں کی آواز سنائی دیتی ہے)

آواز: پر کروسم، ایڈلیوسم۔

محافظ: پر سینگونم ایڈلبر ٹیٹم۔

مچل: کون ہے ؟

ویرا: خدا عوام کی حفاظت کرے۔

صدر: خوش آمدید! ویرا خوش آمدید! تمہاری غیر موجودگی سے ہم بہت افسردہ ہو گئے تھے معلوم ہوتا ہے آزادی کا ستارہ ہمیں اندھیری رات کی نیند سے بیدار کرنے کے لئے طلوع ہوا ہے۔

ویرا: واقعی رات ہے!۔۔۔ چاند اور ستاروں سے محروم رات روس کے دل پر کاری ضرب لگائی گئی ہے۔ ایوان جسے لوگ زار کے نام سے پکارتے ہیں۔ اب ہماری مادر وطن پر وار کرتا ہے۔۔۔ ایسا وار جس کی مثال ظلم نہیں دے سکتا۔

مچل: ظالم اب کون سے ستم کا ارادہ کر رہا ہے ؟

ویرا: کل تمام روس میں مارشل لاء نافذ کر دیا جائے گا۔

سب: مارشل لائ! ہم تباہ ہو گئے۔۔۔ برباد ہو گئے!!

الیکسنر: مارشل لائ۔۔۔ ناممکن!

مچل: بیوقوف! روس میں اصلاح کے سوا سب کچھ ممکن ہو سکتا ہے۔

ویرا: ہاں! مارشل لائ۔۔۔ لوگوں کا آخری حق چھین لیا گیا ہے۔ بغیر کارروائی بغیر درخواست ہمارے بھائی گھروں سے نکال کر بازاروں میں کتوں کی طرح گولی سے ہلاک کر دیئے جائیں گے۔ خون منجمد کر دینے والی برف میں مرنے کے لئے بھیج دیئے جائیں گے۔ زندانوں میں بھوک کی شدت سے ایڑیاں رگڑتے گڑتے جان دینے کی خاطر مقید کر دیئے جائیں گے۔۔۔ جانتے ہو مارشل لاء کے کیا معنی ہیں ؟۔۔۔ تمام قوم کی تباہی اس کا اندرونی راز ہے۔ بازار شب و روز سپاہیوں سے بھرے ہوں گے ہر دروازہ پر سنتری کی خوفناک صورت مسلط ہو گی۔ سپاہی یا غدار کے سوا بازاروں میں کوئی چل پھر نہ سکے

گا۔۔۔ ہم غاروں میں منہ دے کر چھپے بیٹھے ہیں۔ نظریں بچا بچا کر آپس میں ملتے ہیں۔ سرگوشیوں میں گفتگو کرتے ہیں۔۔۔ بتایئے اس صورت ہم مادر وطن کی کیا خدمت کر سکتے ہیں؟

صدر: اذیت تو برداشت کر سکتے ہیں!!

ویرا: بہت عرصہ اذیت میں رہے اب انتقام اور تباہ کرنے کا وقت ہے۔

صدر: اس وقت تک عوام نے ان کے ہاتھوں بہت کچھ سہا ہے۔

ویرا: اس لئے کہ ان میں فہم کا مادہ نہیں۔ مگر اب ہم انقلاب پسندوں میں قوت ادراک پیدا کر رہے ہیں۔۔۔ اذیت کے بادل اب روس کی فضا سے ہٹ چکے ہیں۔

مچل: کیا کہا مارشل لا! یہ خوفناک خبر ہے ویرا۔

صدر: روس میں آزادی کا پروانہ مرگ۔

ویرا: یا جرس انقلاب!

مچل: اس میں کہاں تک صداقت ہے؟

یہ لو اعلان کی ایک نقل! کل رات ناچ کے وقت میں اسے ایک بیوقوف نوجوان سے اڑا لائی ہوں۔ میری تاخیر کی وجہ یہی تھی۔

(ویرا اعلان مچل کے حوالے کر دیتی ہے جو اسے پڑھتا ہے)

مچل: "حفظ امن کے لئے۔۔۔ مارشل لا بحکم زار۔۔۔ رعایا کا باپ"

ویرا: ہاں! باپ جس کا نام صفحہ ہستی سے محو کر دیا جائے گا۔ جس کی بادشاہت، سلطنت جمہوری میں تبدیل کر دی جائے گی، جس کے ظلم ہرگز معاف نہ ہوں گے۔ اس لئے کہ اس نے ہمارا ذریعہ معاش چھین لیا۔۔۔ ایسا باپ! جس کے پاس نہ طاقت ہے نہ حق ہے اور نہ کبھی ہوں گے۔

صدر: شاید اسی کام کے لئے کونسل کا اجلاس ہونے والا ہے۔۔۔ اس اعلان پر ابھی تک مہر ثبت نہیں ہوئی۔

الیکسنر: اور نہ ہو گی۔ جب تک اس کے خلاف آواز اٹھانے کے لئے میری زبان موجود ہے۔

مچل: یا جب تک میرے ہاتھ اسے پرزہ پرزہ کرنے کے لئے سلامت ہیں۔

ویرا: مارشل لائ!۔۔۔ میرے معبود!! کسی بادشاہ کے لئے اپنی رعایا کے ہزاروں انسان ہلاک کر دینا کس قدر آسان ہے۔ مگر ہم ہیں کہ یورپ سے ایک تاج رکھنے والے انسان کو ہٹا نہیں سکتے۔ ان خاکی پتلون میں ایسی کون سی سطوت موجود ہے جو ہاتھوں کو لرزاں، تلوار کو کند اور گولی کو بے اثر بنا دیتی ہے۔ کیا وہ اور ہم یکساں جذبات کے مالک نہیں، کیا وہ ایک سی بیماری کا شکار نہیں ہوتے؟ کیا ان کی تخلیق کسی اور قسم کی آب و گل سے ہے؟ اگر میں کسی تاج پوش انسان کے روبرو کھڑی ہوتی تو میری نظر زیادہ تیز ہوتی، میرا نشانہ بے خطا ہوتا، میرے جسم میں تمام طاقت عود کر آتی۔۔۔ آہ! یہ خیال کرتے ہوئے کہ ہماری اور یورپ کی آزادی میں چند کمزور اور نحیف بوڑھے آدمی حائل ہیں جنہیں ایک چھوکرا دو پیسہ کی خاطر ہلاک کر سکتا ہے جن کے سینوں میں ایک عورت۔۔۔ رات کے وقت خنجر گھونپ سکتی ہے یہی کمزوریاں ہمیں آزادی سے دور لئے جا رہی ہیں۔ اب مجھے معلوم ہوتا ہے۔ کہ ہماری مادر وطن نے بہادر بچے پیدا کرنے بند کر دیئے ہیں ورنہ کوئی تاج پوش کتا اپنی زندگی سے خدائی فضا کو مکدر نہ کرتا!

سب: امتحان لے لو! امتحان لے لو!! امتحان لے لو!!!

مچل: ویرا! تجھے بھی امتحان کے لئے تیار ہو جانا چاہئے۔

ویرا: میں دعا کرتی ہوں وہ وقت خدا جلد لائے۔ کیا میں اپنی فطرت ہلاک نہیں کر

چکی۔ کیا میں اپنے عہد پر قائم نہیں؟

مچل: (صدر کو مخاطب کرتے ہوئے) مارشل لائ! صدر! ہمیں کوئی وقت ضائع نہیں کرنا چاہئے۔ کونسل کے اجلاس تک ہمارے پاس بارہ گھنٹے باقی ہیں! اس سے کم وقت میں ایک پوری سلطنت کا تختہ الٹ دیا جا سکتا ہے۔

صدر: یا اپنی جان سے ہاتھ دھونے پڑتے ہیں۔

(مچل اور صدر اسٹیج کے ایک کونہ میں جا کر دبی زبان میں باتیں کرتے ہیں۔ ویرا اعلان لے کر پڑھتی ہے۔ الیکسنر اسے دیکھتا ہے اور یک لخت بھاگ کر اس کے پاس جاتا ہے)

ویرا: الیکسنر! تم یہاں! بیوقوف لڑکے کیا میں تم سے علیحدہ رہنے کی استدعا نہیں کر چکی! ہم سب کی قسمت میں قبل از وقت موت لکھی ہے۔ تم ابھی لڑکے ہو! اس عمر میں موت ٹھیک نہیں۔

الیکسنر: وطن کی خاطر جان دینے کے لئے ہر ایک عمر موزوں ہے۔

ویرا: تم ہر شب یہاں کیوں آتے ہو؟

الیکسنر: اس لئے کہ مجھے عوام سے محبت ہے۔

ویرا: تمہارے ہم جماعت تمہاری غیر حاضری محسوس کرتے ہوں گے۔ کیا ان میں کوئی غدار نہیں؟ تمہیں معلوم تو ہے کہ یونیورسٹی میں جاسوسوں کی کتنی کثرت ہے! الیکسنر جاؤ! تم دیکھ رہے ہو مصائب نے ہمیں کس قدر نڈر بنا دیا ہے۔ تمہارے لئے ہمارے پاس کوئی جگہ نہیں بہتر یہی ہے کہ تم یہاں نہ آیا کرو۔

الیکسنر: میری نسبت اس قسم کی رائے کیوں قائم کرتی ہو! میں کیوں زندہ رہوں۔ جب میرے بھائی تکلیف برداشت کر رہے ہیں؟

ویرا: تم نے ایک مرتبہ ذکر کیا تھا کہ تمہیں اپنی والدہ سے محبت ہے۔۔۔ اسی کا خیال کرو۔

الیکسنز: اب روس کے سوا میری کوئی ماں نہیں، میری زندگی اسی کے ہاتھوں میں ہے۔ مگر آج میں صرف تمہیں دیکھنے آیا ہوں۔ مجھے معلوم ہوا ہے تم تو گورو ڈ جارہی ہو۔

ویرا: ہاں! وہاں کے لوگوں کے دل کمزور ہوتے جارہے ہیں۔ میں آتش انقلاب کو ہوا دوں گی اور اسے بھڑکتے ہوئے شعلوں میں تبدیل کر دوں گی جو یورپ کے تمام بادشاہوں کی آنکھوں کو خیرہ کر دیں گے۔ اگر مارشل لاء نافذ ہو گیا تو میری ضرورت اور ابھی اشد ہے۔ فرد واحد کے ظلم کی کوئی انتہا نہیں۔ مگر عوام کی تکالیف کی کوئی نہ کوئی انتہا ضرور ہونی چاہئے۔

الیکسنز: خدا جانتا ہے میں تمہارے ساتھ ہوں، مگر تمہیں وہاں نہیں جانا چاہئے۔ پولیس کی نگاہیں تمہاری صورت کے لئے ہر ٹرین کو دیکھ رہی ہیں۔ تمہاری گرفتاری پر تمہیں ایک تنگ و تاریک زندان میں قید کر دیئے جانے کا حکم ہے۔ یہ سب کچھ مجھے کسی نہ کسی طریق سے معلوم ہوا ہے۔ آہ! ذرا خیال تو کرو کہ تمہاری غیر موجودگی میں ہمارا آفتاب حیات غروب ہوا جاتا ہے۔ لوگ اپنا رہنما اور شمع آزادی اپنا پروانہ کھو دے گی۔۔۔ ویرا تمہیں نہیں جانا چاہئے!

ویرا: اگر تمہاری یہی خواہش ہے تو نہیں جاؤں گی۔ حصول آزادی کے لئے کچھ اور عرصہ تک زندہ رہوں گی۔

الیکسنز: تمہاری موت پر روس واقعی تباہ ہو جائے گا، میری تمام امیدوں کا خاتمہ ہو جائے گا۔۔۔ تمام۔۔۔ ویرا مارشل لا کی خبر بہت خوفناک ہے۔۔۔ مارشل لا! مارشل لا!! کس قدر ہیبت ناک ہے۔ مجھے اس کے متعلق کچھ علم نہ تھا! اپنی جان کی قسم! کچھ معلوم نہ

تھا!

ویرا: تمہیں معلوم ہوتا بھی کس طرح؟ ایک اچھی خاصی سازش تھی۔ یہ بڑا اسپیا زار جس کے ہاتھ مقتول انسانوں کے خون سے سرخ ہیں جس کی روح اس کے ظلم تشدد کی وجہ سے سیاہ ہو چکی ہے سب سے زیادہ چالاک سازشی ہے۔ آہ الیکسنر تمہارے اور اس کے دل میں زمین و آسمان کا فرق ہے۔

الیکسنر: ویرا! بادشاہ کا رویہ ہمیشہ سے ایسا نہیں۔ ایک زمانہ تھا جب بادشاہ کو لوگوں سے الفت تھی۔ ملعون شہزادہ پال مارلوفسکی نے اسے ایسا بنا رکھا ہے۔ کل میں شہنشاہ کے سامنے جمہور کی وکالت کروں گا!

ویرا: وکالت اور زار کے سامنے! زار کو صرف وہی دیکھتے ہیں۔ جنہیں سزائے موت کا حکم مل چکا ہو۔ اسے کسی انسان کی کیا پروا! ایک بہادر قوم کی آہ و فریاد اس سنگدل کو موم نہ کر سکی۔

الیکسنر: تاہم مجھے وکالت ضرور کرنی چاہئے۔ خواہ جان ہی سے ہاتھ کیوں نہ دھونے پڑیں۔

پروفیسر: یہ ہیں اعلانات۔۔۔ کیا کافی ہیں؟

ویرا: میں انہیں پڑھتی ہوں۔۔۔ کیسا حسین معلوم ہوتا ہے۔ آج اس کے چہرہ سے شرافت اور تعزّز ٹپک رہا ہے۔ آزادی کی دیوی خوش قسمت ہے کہ اس کے چاہنے والے ایسے ہیں۔

الیکسنر: جناب صدر آپ کس فکر میں ہیں؟

مچل: ہم وحشی درندوں کا شکار کرنے کی فکر میں ہیں (صدر سے باتیں کرتا ہے اور اسے علیحدہ لے جاتا ہے)

پروفیسر:(ویرا سے) پیرس اور برلن کے خطوط کا کیا جواب دیں؟

ویرا:(خط پکڑ لیتی ہے)(اپنے آپ سے) اگر میں نے اپنی فطرت تباہ نہ کی ہوئی ہوتی حسن و عشق سے بیگانگی کا اقرار نہ کیا ہوا ہوتا تو ضرور اس سے محبت کرتی۔۔۔ آہ! میں بیوقوف ہوں۔۔۔ نہیں! غدار۔۔۔ مگر وہ اپنے حسین چہرے اور آتش انقلاب سے معمور سینے کو لئے ہوئے ہم میں کیوں شامل ہوا۔ جمہوریت کی دلدادہ ہوتے ہوئے بھی مجھے کیوں بار بار خیال آتا ہے کہ وہ میرا بادشاہ ہو گا۔۔۔ آہ! حماقت! پیمان وفا کی شکست، باد نسیم سے زیادہ کمزور ویرا! بھولو مت! تم انقلاب پسند ہو۔

صدر:(مچل سے) تمہاری گرفتاری یقینی ہے!

مچل: ایسا نہیں ہو گا۔ میں شاہی محافظ کا لباس پہن لوں گا۔ پہرہ والا کرنل ہماری جماعت ہی سے ہے۔ اجلاس پہلی منزل میں ہو گا۔ اس لئے میر انشانہ خطا نہ جائے گا۔

صدر: کیا بھائیوں کو مطلع کر دوں؟

مچل: ہرگز نہیں! ہم میں ایک غدار موجود ہے!

ویرا: سنو! کیا یہی اعلانات ہیں؟ ہاں یہ کافی ہیں۔ کیو۔ اوڈیسا اور نوگوڑود میں پانچ سو اور اسی قدر وارسا میں اور ان سے دوچند جنوبی صوبہ جات میں تقسیم کر دو۔ اگرچہ ست روسی کسان ہمارے اعلانات اور ملک کی خدمت کرنے والے شہیدوں کی بہت کم پروا کرتے ہیں لیکن حملہ جب بھی ہو دیہات کی طرف سے ہو نہ کہ شہر کی طرف سے۔

مچل: تیغ زنی سے نہ کہ خامہ فرسائی سے۔

ویرا: پولینڈ والے خطوط کہاں ہیں؟

پروفیسر: یہ ہیں!

ویرا: بدبخت پولینڈ! روسی عقاب مدتوں وہاں اپنا شکار حاصل کرتے رہے! ہمیں

مظلوم پولش بھائیوں کو فراموش نہیں کرنا چاہیے۔

صدر: مچل کیا یہ سچ ہے ؟

مچل: ہاں !اس کی صحت پر جان کی بازی لگا تا ہوں۔

صدر: تو پھر دروازوں پر قفل لگا دو۔ الیکسنر ہماری جماعت میں بحیثیت ایک طالب علم داخل ہوا۔ جو طبیہ سکول میں تعلیم پا تا رہا تھا مگر اس نے ہمیں مارشل لا کی خونی سکیم سے آگاہ کیوں نہ کیا؟

الیکسنر: میں نے ؟

مچل: ہاں تم! تمہیں اس کا بخوبی علم تھا۔ اس قسم کے خونی ہتھیار ایک ہی روز میں تیز نہیں ہوا کرتے۔ تم نے ہمیں اس سے مطلع کیوں نہ کیا؟ آج سے ایک ہفتہ قبل زندانوں کو مسمار کیا جا سکتا تھا، آزادی کے لئے کم از کم ایک ضرب لگائی جا سکتی تھی۔ مگر اب وقت گزر چکا ہے۔ دیر ہو گئی !۔۔۔ میں پوچھتا ہوں یہ راز تم نے کیوں چھپائے رکھا؟

الیکسنر: دست حریت کی قسم! مچل تم مجھے غلط سمجھ رہے ہو۔ مجھے اس گھناؤنے قانون کا کوئی علم نہ تھا۔ قسم ہے اپنی روح کی مجھے خبر تک نہ تھی۔۔۔ مجھے پتہ بھی چلتا کیونکر؟

مچل: اس لئے کہ تم غدار ہو۔ گزشتہ شب اجلاس برخاست ہونے پر تم کہاں گئے ؟

الیکسنر: اپنے گھر۔

مچل: کاذب میں تمہارا پیچھا کرتا رہا تھا۔ نصف شب بعد تم یہاں سے رخصت ہوئے۔ ایک لمبا چغہ اوڑھے تم نے کشتی میں دریا کو عبور کیا اور ملاح کو ایک اشرفی دی۔۔۔ تم جو طب کے ایک ادنیٰ طالب علم ہو۔ اس کے بعد دو دفعہ واپس لوٹے اور دیر تک محراب میں چھپے رہے شکاری ہوتے ہوئے میں نے تمہیں خنجر سے ہلاک کر دینے کا

عزم کر لیا تھا۔ مگر اپنی دانست میں تعاقب کرنے والوں سے بچ نکلے احمق! میں اس شکاری کتے کی مانند ہوں جسے شکار کی بو کبھی دھوکہ نہیں دے سکتی۔ کوچہ بہ کوچہ سائے کی طرح تمہارے ساتھ رہا۔ آخر کار تم سینٹ ایزاک کے محل میں داخل ہوئے دربانوں کو صورت خاص بتاتے ہوئے ایک خاص دروازہ سے داخل ہو گئے۔

سازشی: محل میں!!!

ویرا: الیکسز!

مچل: تمہارے غدار کے سر کو تن سے جدا کرنے کے لئے شب بھر انتظار کرتا رہا مگر تم محل سے باہر نہ نکلے۔۔۔ آفتاب کی خونیں کرنیں تاریک بستی پر نمودار ہوئیں، روس کی کتاب حیات میں ظلم و جور کے نئے باب کا اضافہ ہوا لیکن تم باہر نہ نکلے۔ محلات میں زندگی بسر کرنے والے؟ تمہیں شاہی محافظوں کی صورت خاص کا علم ہے، خاص دروازوں کی چابی تمہارے قبضے میں رہتی ہے۔ آہ! تم جاسوس ہو!۔۔۔ جاسوس! تمہارے سفید ہاتھ خوبصورت چہرے اور گھنگھریالے بال میرا اعتماد حاصل نہ کر سکے۔ تمہاری صورت اذیت کے نشانوں سے خالی ہے تمہیں عوام سے کیا تعلق تم جاسوس ہو۔۔۔ جاسوس! غدار!!

سازشی: قتل کر دو! قتل کر دو اسے!! (سب اپنا پانا خنجر نکالتے ہیں)

ویرا: الیکسز کے سامنے کھڑی ہو جاتی ہے۔ خبر دار مچل! ہاتھ مت بڑھانا وہ غدار نہیں!

سازشی: قتل کر دو یہ جاسوس ہے۔

ویرا: اگر تم میں سے کسی نے انگلی تک بھی اٹھائی تو یاد رکھو مجھے ہمیشہ کے لئے کھو دو گے!

صدر: ویرا! تم نے مچل کے الفاظ نہیں سنے ؟۔۔۔ زار کے محلات میں راتیں بسر کرنے والا سوائے جاسوس کے اور کون ہو سکتا ہے ؟

ویرا: نہیں ! میں مچل پر یقین نہیں کرتی۔ یہ جھوٹ ہے، سراسر جھوٹ۔ الیکسنر کیوں نہیں کہتے کہ یہ جھوٹ ہے ؟

الیکسنر: یہ سچ ہے ! مچل کی آنکھوں نے جو کچھ دیکھا بیان کر دیا۔ میں نے وہ رات ضرور شاہی محل میں بسر کی۔۔۔ مچل سچ کہتا ہے۔

ویرا: پیچھے ہٹو! پیچھے ہٹو! الیکسنر مجھے تم پر اعتماد ہے۔ دولت کے عوض تم وطن فروشی نہیں کر سکتے۔ تم ایماندار ہو۔ کہتے کیوں نہیں۔

الیکسنر: جاسوس! تم جانتے ہو۔ میں جاسوس نہیں۔ بھائیو میں تادم مرگ تمہارے ساتھ ہوں

مچل: ہاں! صرف اپنی موت تک۔

الیکسنر: ویرا! تم جانتی ہو میں مخلص ہوں۔

ویرا: مجھے علم ہے۔

صدر: غدار! تم نے یہاں آنے کی کیونکر جر_Éت کی؟

الیکسنر: اس لئے کہ مجھے عوام سے محبت ہے!

مچل: تو پھر انہی کے لئے جان دو۔

ویرا: اسے ہاتھ لگانے سے قبل مجھے ہلاک کر دو۔

صدر: مچل! ہم ویرا کو جدا نہیں کر سکتے۔ اس کی خواہش ہے کہ یہ لڑکا زندہ رہے۔ ہم اسے آج کے لئے اپنے ساتھ رکھ لیتے ہیں۔ اس وقت تک تو اس نے اپنی غداری کا ثبوت نہیں دیا۔

(سپاہی دروازہ کھٹکھٹاتے ہیں)

آواز: شہنشاہ کے نام پر دروازہ کھولو!

مچل: دیکھا اس نے دھوکہ دے دیا! جاسوس یہ تیرا کام ہے!

صدر: ٹھہرو مچل! یہ وقت باہم دست و گریباں ہونے کا نہیں!

آواز: شہنشاہ کے نام پر دروازہ کھولو!

صدر: بھائیو! نقاب پہن لو مچل! دروازہ کھول دو۔ اب اس کے سوا اور چارہ ہی کیا ہے۔

(جنرل کوٹ کن اور سپاہی اندر داخل ہوتے ہیں)

جنرل: تمام شہری نصب شب کے بعد اپنے اپنے گھروں میں ہونے چاہئیں۔ پانچ سے زیادہ شخص ایک جگہ اکٹھے نہیں ہوسکتے۔ تم نے اعلان نہیں سنا کیا؟

مچل: سنا! وہی اعلان جس نے ماسکو کی ہر دیوار کو بدنما بنادیا ہے۔

ویرا: چپ مچل چپ!۔۔۔ جناب ہمیں اس کی کوئی خبر نہیں۔ ہم تھیٹر کے معمولی ایکٹر ہیں۔ سمارا سے لے کر ماسکو تک آئے ہیں کہ اعلیٰ حضرت زار کو محظوظ کریں۔

جنرل: لیکن داخل ہونے سے قبل تم نے بہت شور مچا رکھا تھا۔

ویرا: ہم ایک نئے کھیل کی مشق کر رہے تھے۔

جنرل: تمہارے جوابات صحیح معلوم ہوتے ہیں۔ مگر مجھے اپنا چہرہ دکھاؤ۔۔۔ اس نقاب کو الٹ دو۔ سینٹ نکولس کی قسم! اگر تمہارا چہرہ تمہارے قدو قامت کے مطابق ہے تو یقیناً حسین ہوگا۔ سب سے پہلے تمہارا چہرہ دیکھنا چاہتا ہوں۔

صدر: یا اللہ اگر اسے معلوم ہوگیا کہ یہ ویرا ہے تو ہم سب تباہ ہو جائیں گے۔

جنرل: غمزہ و ادا کیسی؟ نقاب الٹو۔۔۔ کیا سپاہیوں کو حکم دوں پھر؟

الیکسز: پیچھے رہو جنرل کوٹ کن۔

جنرل: تم کون ہو جس کی زبان افسروں کے ساتھ اس طرح گفتگو کرتی ہے۔

(الیکسز نقاب الٹ دیتا ہے) اعلیٰ حضرت زاروچ۔

سازشی: ولی عہد! بس خاتمہ!!

صدر: وہ اب ہم سب کو سپاہیوں کے حوالے کر دے گا۔

مچل: (ویرا سے) تم نے مجھے اسے قتل کیوں نہ کرنے دیا؟ آؤ اب اپنی موت سے کھیل جائیں۔

ویرا: خاموش! وہ ہمیں ہرگز دھوکا نہ دے گا!

الیکسز: جنرل! آپ جانتے ہیں میرے باپ نے مجھے دنیا سے علیحدہ رکھنے کے لئے سپرد زنداں کر رکھا ہے اگر میں رات کے وقت بھیس بدل کر آزادانہ گشت نہ لگاؤں تو مجھے خطرہ ہے۔ میں اپنی جان کھو دوں گا۔ مجھے ان ایمان دار لوگوں سے ملے ابھی صرف چھ گھنٹے ہوئے ہیں

جنرل: لیکن اعلیٰ حضرت!

الیکسز: میں تمہیں یقین دلاتا ہوں۔ یہ بہترین ایکٹر ہیں۔ اگر کچھ عرصہ پہلے آتے تو تمہیں ایک دلچسپ تماشا دیکھنے کا موقع مل جاتا۔

جنرل: کیا یہ ایکٹر ہیں شہزادے؟

الیکسز: ہاں! ایکٹر جو صرف بادشاہوں کے سامنے کھیلنا پسند کرتے ہیں۔

جنرل: مجھے یقین ہے اعلیٰ حضرت! میں پہلے سمجھا کہ مجھے انقلاب پسندوں کا سراغ مل گیا۔

الیکسز: تمہارے ہوتے ہوئے روس میں انقلاب پسند؟ جنرل یہ ناممکن ہے۔

جنرل: یہی میں کئی بار زار اعظم سے کہہ چکا ہوں۔ مگر آج اجلاس میں معلوم ہوا کہ انقلاب پسندوں کی سرغنہ ویرا شہر میں دیکھی گئی ہے۔ اس پر شہنشاہ کا رنگ برف کے گالے کی مانند سفید ہو گیا۔ میرا خیال ہے اس سے زیادہ خوف میں نے آج تک کسی چہرے پر چھائے ہوئے نہیں دیکھا!

الیکسنر: پھر تو یہ خطرناک عورت! ہے!

جنرل: یورپ بھر میں اپنی قسم کی واحد خطرناک!

الیکسنر: جنرل! تم نے اسے دیکھا کبھی؟

جنرل: جی ہاں! آج سے پانچ سال قبل جبکہ میں صرف کرنل تھا میں نے اسے ایک سرائے میں خادمہ کی حیثیت سے دیکھا۔ اگر مجھے اس وقت معلوم ہوتا کہ یہی عورت کسی روز اس عظیم فتنے کا موجب ہو گی تو مارے کوڑوں کے وہیں ہلاک کر دیا۔ عورت نہیں شیطان ہے! پورے اٹھارہ مہینوں سے اس کا تعاقب کر رہا ہوں۔ مگر اس عرصے میں اس سے صرف ایک بار سامنا ہوا۔

الیکسنر: مگر وہ تم سے بچ کر نکل گئی؟

جنرل: میں اس کا تعاقب کر رہا تھا۔ لیکن اس نے میرے گھوڑے کو گولی سے ہلاک کر دیا۔ مگر اب کی دفعہ وہ مجھ سے بچ کر نہیں نکل سکتی۔ شہنشاہ نے اس کے سر کے لئے بیس ہزار پونڈ انعام مقرر کر رکھا ہے۔

الیکسنر: مجھے امید ہے یہ انعام تمہارا ہی ہو گا۔۔۔ مگر تم ان بھولے شخصوں کو خوفزدہ کر رہے ہو جنرل! شب بخیر!!

جنرل: جی ہاں! مگر میں ان کے چہرے دیکھنا چاہتا ہوں۔

الیکسنر: یہ نہیں ہو سکتا! تمہیں معلوم نہیں اس قسم کے لوگ اپنا چہرہ دکھانا پسند

نہیں کرتے۔

جنرل: مگر۔۔۔اعلیٰ حضرت۔۔۔

الیکسنز: (وقار سے) جنرل! یہ لوگ میرے دوست ہیں۔ بس یہی چیز کافی ہونی چاہئے۔ہاں! کیا میں امید کر سکتا ہوں کہ اس معاملے کی دوسرے کان تک خبر نہ ہو گی!

جنرل: شہزادے! مجھ پر بھروسہ رکھئے!۔۔۔ آپ کب تک محل میں تشریف لائیں گے۔شاہی ناچ قریب الاختتام ہے۔اور ہر گھڑی آپ کا انتظار کیا جا رہا ہے۔

الیکسنز: میں تنہا آؤں گا۔۔۔ خیال رہے میرے دوستوں کے متعلق کسی قسم کی گفتگو نہ ہو۔

جنرل: یعنی آپ کی حسین خاتون کے متعلق! شہزادے کاش میں اس عورت کا چہرہ دیکھ سکتا۔ جس کی آنکھیں نقاب میں چمک رہی ہیں!!۔۔۔شب بخیر اعلیٰ حضرت۔ شب بخیر۔

الیکسنز: شب بخیر جنرل!

(سپاہی اور جنرل چلے جاتے ہیں)

ویرا: (نقاب اتارتے ہوئے) تم نے ہمیں بچالیا!

الیکسنز: (ویرا کا ہاتھ دباتے ہوئے) بھائیو! کیا اب تمہیں مجھ پر اعتماد ہے؟

(پردہ گرتا ہے)

دوسرا ایکٹ

منظر: شہنشاہ کے محل میں اجلاس کا کمرہ۔۔۔ دیواروں پر بھاری پردے آویزاں ہیں۔ میز کے پاس زار کی شاہی کرسی رکھی ہے۔ پشت پر ایک کھڑکی ہے جو بالکونی کی طرف کھلتی ہے۔

حاضرین: پرنس مار لوفسکی، پرنس پیٹر دوخ، کونٹ روو الوف، بیرن راف، کونٹ پٹیچوف۔

پرنس پیٹر دوخ: کیا ہمارے پریشان خیال زار وچ کو معاف کر دیا گیا؟ وہ آج اجلاس میں شامل ہونے والا ہے؟

پرنس پال: ہاں! اگر اس کے معنی مزید سزا کے ہو سکتے ہیں۔ اپنے متعلق صرف اتنا کہہ سکتا ہوں کہ کونسلوں کے یہ اجلاس تکلیف دہ ہیں۔

پرنس پیٹر دوخ: قدرتی طور پر اس لئے آپ بولتے بہت ہیں۔

پرنس پال: آپ غلطی پر ہیں۔ اس لئے کہ بعض اوقات مجھے بہت کچھ سننا پڑتا ہے۔

کاؤنٹ رود الوف: مگر پھر بھی اس قسم کی تکالیف قید خانہ سے کہیں بہتر ہیں۔ جس طرح ولی عہد کی آنکھیں دنیا کی رنگینیوں کا مطالعہ کرنے کے لئے بند کر دی گئی تھیں۔

پرنس پال: حضرات! اس قسم کے رومان پسندوں کے لئے دنیا دور ہی سے بھلی معلوم دیتی ہے اور قید خانہ جس میں حکم پر بہترین طعام مہیا ہو سکتا ہے بری جگہ نہیں ہو سکتی (زار وچ داخل ہوتا ہے۔ حاضرین دربار تعظیم کے لئے اٹھتے ہیں)

صبح بخیر شہزادہ! اعلیٰ حضرت کا رنگ کچھ زرد سا معلوم دیتا ہے؟

زاروچ: (تھوڑے توقف کے بعد) مجھے تبدیل آب و ہوا کی ضرورت ہے۔

پرنس پال: (مسکراتے ہوئے) بہت انقلابی خیال ہے زار اعظم روس میں۔

آلہ مقیاس الحرارت سے اصلاحات جاری فرمانا پسند نہیں کرتے۔

زاروچ: (ترش کلامی سے) میرے باپ نے اس زنداں نما محل میں مجھے عرصہ چھ ماہ سے قید کر رکھا ہے۔ آج صبح انہوں نے چند انقلاب پسندوں کو پھانسی لگتے دیکھنے کے لئے بیدار کیا۔۔۔ اس منظر نے مجھے بیمار کر دیا۔ خونی قصاب! گو ان لوگوں کو بہادری سے جان دیتے دیکھنا کچھ پر لطف تھا۔

پرنس پال: جب آپ میری عمر کو پہنچیں گے تو معلوم ہو جائے گا کہ دنیا میں بری زندگی بسر کرنا اور اچھی موت مرنا کوئی مشکل کام نہیں

زاروچ: اچھی موت اور آسان! یہ سبق تجربہ سے اخذ کیا ہوا معلوم نہیں ہوتا۔

پرنس پال: (شانوں کو جنبش دے کر) تجربہ زندگی کی غلط کاریوں کا دوسرا نام ہے۔ جن سے میں بے نیاز ہوں۔

زاروچ: درست! جرائم تم سے زیادہ متعلق ہیں۔

پرنس پیٹر ووخ: (زاروچ کو مخاطب کرتے ہوئے) شہزادے کل رات آپ کا ناچ پر تاخیر سے آنا شہنشاہ کے لئے ایک عظیم تشویش کا موجب بن رہا تھا۔

کاؤنٹ رودالوف: (ہنس کر) میرے خیال میں انہیں شبہ تھا کہ کہیں انقلاب پسند آپ کو اٹھا کر نہ لے گئے ہوں۔

بیرن: اس حالت میں شہزادہ ایک دلکش ناچ سے محروم ہو جاتا۔

پرنس پال: اور ایک بہترین طعام سے بھی۔۔۔ باورچی نے شوربہ خوب تیار کیا تھا!

۔۔۔ آپ ہنستے ہیں بیرن! اچھا شوربہ تیار کرنا کرنا مالیہ کی جانچ پڑتال سے کہیں مشکل ہے۔ اچھا شوربہ بنانے والا صحیح معنوں میں ایک سمجھدار سپاہی کے مترادف ہے۔ کہتا ہے یہ خیال رکھنا کہ سر کے میں کس قدر تیل ڈالنا چاہئے کچھ معنی رکھتا ہے

بیرن راف: خوب تو آپ کے نزدیک باورچی اور سپاہی متوازی ہوئے۔ اگر میں کسی بیوقوف لڑکے کا باپ ہوتا تو اسے ان دونوں میں سے کسی ایک کی تعلیم ضرور دلواتا۔

پرنس پال: آپ کے والد بزرگوار کا تو یہ خیال تھا۔ یقین جانیئے آپ خواہ مخواہ طعام کے فن کو برا کہہ رہے ہیں۔ میرا اپنا ارادہ ایک بہترین قسم کی چٹنی تیار کرنے کا ہے۔ گو اس کے متعلق کبھی غور و فکر کا موقع نہیں ملا۔ مگر پھر بھی مجھے محسوس ہوتا ہے کہ میرے اندر اس ایجاد کا مادہ ضرور موجود ہے۔

زار وچ: تو پھر آپ اپنے اصل منصب سے محروم کر دیئے گئے ہیں۔ پرنس! اس جسم پر شاہی باورچی کا لباس سنہری تمغے سے زیادہ زیب دیتا مگر آپ کو معلوم ہونا چاہئے کہ آپ باورچی کا لباس اچھی طرح پہن نہیں سکتے۔ آپ اسے جلد خراب کر دیں گے۔ اس لئے کہ آپ کے ہاتھ صاف نہیں۔

پرنس پال: (جھکتے ہوئے) مجھے آپ کے معزز باپ کی خدمت بجالانے کا فخر حاصل ہے۔

زار وچ: دوسرے الفاظ میں تم شاہی معاملات کو غلط طور پر انجام دیتے ہو۔ اس کے جسم کے ناپاک ہمزاد ہو۔ تم سے پہلے اس میں محبت اور الفت کے جذبات موجود تھے۔ مگر اب تم نے ہی اسے چڑ چڑا اور سڑی بنا رکھا ہے۔ اس کی سماعت تمہارے مسموم مشوروں سے ہی اپنی قوت کھو چکی ہے۔ اسے عوام میں غیر مقبول بنانے کے ذمہ دار تم ہی ہو۔ تم ہی نے اسے ظالم بنا رکھا ہے۔

(درباری ایک دوسرے کی طرف بڑی اہمیت سے دیکھتے ہیں)

پرنس پال: (آہستگی سے) معلوم ہوتا ہے اعلیٰ حضرت کو تبدیلی آب و ہوا کی ضرورت ہے۔ میں خود اپنے باپ کا سب سے بڑا بیٹا ہوں (سگریٹ سلگا کر باپ کی ناراضگی سے پیدا شدہ نتائج سے خوب آگاہ ہوں (زاروچ سٹیج کے ایک طرف جاتا ہے۔ اور کھڑکی سے باہر کی طرف دیکھتا ہے)

پرنس پیٹر ووخ: (بیرن راف سے) اگر یہ بیوقوف لڑکا محتاط نہ ہوا تو اسے جلاوطن ہونا پڑے گا۔

بیرن راف: ہاں! مخلص ہونا بہت بڑا جرم ہے۔

پرنس پیٹر ووخ: صرف یہی جرم ہے جس کے آپ مرتکب نہیں ہوتے

بیرن راف: ہر شخص کا جداگانہ مطمح نظر ہے پرنس!

پرنس پال: آپ کا زاویہ نگاہ آپ سے کوئی نہیں چھین سکتا۔۔۔ مطمئن رہیں۔

(نسوار کی ڈبیا نکال کر پرنس پیٹر ووخ کو پیش کرتا ہے)

پرنس پیٹر ووخ: شکریہ!۔۔۔ پرنس شکریہ۔

پرنس پال: کیسی نفیس نسوار ہے۔ خاص پیرس کی ہے۔ مگر اب اس بیہودہ جمہوریت کے عہد میں ہر چیز روبہ انحطاط ہے۔ فرانس اپنی نفاست بہت حد تک کھو چکا ہے۔

(مارکوئس ڈی۔ پاؤف رارڈ داخل ہوتا ہے)

آہا مارکوئس! مادام مارکوئس تو بخیریت ہیں؟

مارکوئس ڈی۔ پال آپ زیادہ علم رکھتے ہیں پرنس پال!۔۔۔ مجھ سے زیادہ آپ کی ان سے ملاقات ہے۔

پرنس پال: (جھکتے ہوئے) ہاں اکثر ملاقات ہوتی ہے! مادام مارکوئس بہت سنجیدہ

خاتون ہیں۔ جب بھی ملتی ہیں ہمیشہ آپ کا ذکر کیا کرتی ہیں۔

پرنس پیٹر ووخ: (کلاک کی طرف دیکھتے ہوئے) جہاں پناہ ابھی تک تشریف نہیں لائے۔

پرنس پال: پیٹر ووخ! کیا بات ہے؟ آپ کی طبیعت آج کچھ اکھڑی اکھڑی سی معلوم ہوتی ہے۔ باورچی سے جھگڑا تو نہیں ہوا کہیں؟ اس صورت میں یہ حقیقت کس قدر المناک ہو گی کہ آپ اپنے بہترین دوست کو کھو بیٹھیں گے۔

پرنس پیٹر ووخ: میں اس قدر خوش بخت نہیں، مگر تاہم آپ بھول رہے ہیں۔ روپیہ میرا بہترین رفیق ہے۔ اور آپ کا یہ خیال بھی غلط ہے کہ میں اپنے باورچی سے ناراض ہوں۔

پرنس پال: تو پھر یہ ہو سکتا ہے کہ مادام ویرا یا قرض خواہوں نے خط و کتابت سے آپ پر عرصہ حیات تنگ کر رکھا ہے۔۔۔ مگر آپ کو خوفزدہ نہیں ہونا چاہئے۔ اس پارٹی کی طرف سے موصول شدہ دھمکیاں جو اپنے آپ کو انقلاب پسند جماعت سے منسوب کرتی ہے، میرے گھر میں بکھری پڑی ہیں، میں نے انہیں ایک نظر بھی اٹھا کر نہیں دیکھا ان کے الفاظ عموماً غیر مربوط ہوتے ہیں۔

پرنس پیٹر ووخ: آپ پھر غلطی پر ہیں پرنس! اگر یہ انقلاب پسند جماعت مجھ پر ہاتھ نہیں ڈال رہی تو اس میں بھی کوئی راز ہے۔

پرنس پال: (ایک طرف ہو کر) سچ ہے! میں بھول گیا۔ بے اعتنائی انتقام ہے جو دنیا معمولی اشخاص سے لیتی ہے۔

پرنس پیٹر ووخ: میں زندگی سے تنگ آگیا ہوں پرنس! جب سے تھیٹر کے کھیل بند ہوئے میں اپنے آپ کو مردہ تصور کر رہا ہوں۔

پرنس پال: آپ کو کیسی دلچسپی کی ضرورت ہے! پرنس ٹھہریئے آپ کے مرتبہ شادی کر چکے ہیں۔۔۔ دو دفعہ۔۔۔ کیوں نہ تیسری بار کسی کے دام الفت میں گرفتار ہو جائیں؟

بیرن راف: پرنس! میں بھی مدت سے یہی سوچ رہا تھا۔۔۔

پرنس پال: (بات کاٹتے ہوئے) آپ مجھے تعجب میں ڈال رہے ہیں بیرن!

بیرن راف: میں آپ کی فطرت کا مطالعہ کرنے سے قاصر ہوں

پرنس پال: اگر میری فطرت کی تخلیق آپ کے خیال کے مطابق ہوتی تو اندیشہ تھا کہ مجھے دنیا میں ایک ممتاز شخصیت نصیب نہ ہوتی۔

کاؤنٹ رووالوف: زندگی کے متعلق کوئی بھی ایسی چیز نہیں جس کا آپ نے مضحکہ نہ اڑایا ہو۔

پرنس پال: آہ! میرے عزیز دوست زندگی اس قدر اہم موضوع ہے کہ اس پر متانت سے گفتگو نہیں ہو سکتی

زاروچ: (کھڑکی سے واپس آتے ہوئے) میرے خیال میں پرنس پال کی فطرت کوئی پراسرار نہیں وہ اپنی دلچسپی کا سامان پیدا کرنے کے لئے بہترین دوست کے سینے میں خنجر بھونک سکتا ہے۔

پرنس پال: میں اپنے بدترین دشمن کو بہترین دوست پر ترجیح دے سکتا ہوں۔ دولت پیدا کرنے کے لئے اچھی خصلت کی ضرورت ہے۔ مگر جب انسان کا کوئی دشمن نہ ہو تو سمجھ لینا چاہئے کہ اس میں کمینہ پن کی جھلک ضرور ہے۔

زاروچ: (ترش کلامی سے) اگر دشمنوں کی تعداد ہی آپ کے نزدیک بڑائی کا معیار ہے تو اس میں کوئی شک نہیں آپ بڑے آدمی ہیں۔

پرنس پال: ہاں مجھے معلوم ہے کہ تمام روس مجھے نفرت کی نگاہوں سے دیکھتا ہے۔ مگر آپ کے باپ سے کچھ کم شہزادے! گو وہ اس حقارت کو پسند نہیں کرتے مگر یقین جانئے مجھے پسند ہے (ترش کلامی سے) بازاروں میں چکر لگاتے وقت لوگوں کے چہرے پر نفرت و حقارت کے جذبات دیکھ کر مجھے ایک گونہ خوشی حاصل ہوتی ہے۔ اس نوعیت کے واقعات مجھ پر یہ حقیقت واضح کر دیتے ہیں۔ کہ میں روس میں ایک عظیم طاقت کا مالک ہوں۔۔۔ فرد واحد۔۔۔ لاکھوں انسانوں کے مقابلے میں۔ میں وہ ہر دلعزیز بننا نہیں چاہتا۔ جس کی گردن ایک سال تو پھولوں سے لدی ہو۔ مگر دوسرے سال پتھروں سے کچل دی جائے۔ میں اپنے بستر پر جان دینے کو اس قسم کی موت پر ترجیح دیتا ہوں۔

زاروچ: مگر موت کے بعد؟

پرنس پال: (شانوں کو جنبش دیتے ہوئے) آسمان پر فرد واحد کی حکومت ہے۔ اس لئے مجھے وہاں ہر طرح کا آرام مل سکتا ہے۔

زاروچ: آپ عوام اور ان کے حقوق کی پرواہ نہیں کرتے؟

پرنس پال: عوام اور ان کے حقوق میرے لئے کوئی دلچسپی نہیں رکھتے۔ میں ان دونوں سے تنگ آگیا ہوں۔ فی زمانہ جاہل عیار اور تعلیم سے بے بہرہ لوگوں کے حقوق کے لئے مطالبہ کس قدر مضحکہ خیز ہے۔ یقین فرمایئے ایک اچھی جمہوری حکومت میں ہر شخص اپنے حقوق کا مطالبہ کر سکتا ہے۔ مگر روس کے یہ لوگ جو ہمیں باہر نکالنا چاہتے ہیں جنگل کے حیوانوں سے بدتر ہیں جنہیں گولی کا نشانہ بنا دینا چاہئے۔

زاروچ: (جوش سے) اگر وہ شکاری جانوروں سے زیادہ قیمت نہیں رکھتے تو خدارا یہ تو بتایئے اس چیز کا کون ذمہ دار ہے؟

(محافظ خاص داخل ہوتا ہے)

محافظ خاص: جہاں پناہ تشریف لا رہے ہیں (پرنس پال زار وچ کی طرف دیکھ کر مسکراتا ہے)

(زار اپنے محافظوں کی معیت میں داخل ہوتا ہے)

زاروچ: (استقبال کے لئے آگے بڑھتا ہے) جہاں پناہ!

زار: نزدیک نہ آؤ! میں پھر تمہیں کہہ رہا ہوں نزدیک نہ آؤ تاش پوش اور ولی عہد کے درمیان فاصلہ ہونا چاہئے۔۔۔ مگر وہ کونے میں کون کھڑا ہے؟ میں اسے نہیں جانتا، کیا کر رہا ہے آخر؟ سازشی تو نہیں اس کی جامہ تلاشی لی جائے؟ کل کا دن اعتراف جرم کے لئے دے کر پھانسی پر لٹکا دو۔۔۔ پھانسی پر!

پرنس پال: جہاں پناہ! یہ کاؤنٹ پیٹوخوف برلن کے نئے سفیر ہیں جو رخصت ہوتے وقت آپ کے دست مبارک پر بوسہ دینا چاہتے ہیں۔

زار: بوسہ؟ اس میں بھی کوئی سازش ہے۔ وہ مجھے زہر دینا چاہتا ہے۔ جاؤ! میرے لڑکے کا ہاتھ چوم لو۔

(پرنس پال کونٹ پیٹوخوف کو کمرہ چھوڑنے کے لئے اشارہ کرتا ہے۔ پیٹوخوف چلا جاتا ہے۔ زار کرسی پر بیٹھ جاتا ہے۔ درباری خاموش ہیں)

پرنس پال: جہاں پناہ! کیا آپ۔۔۔

زار: مجھے اس طرح کیوں خوفزدہ کر رہے ہو؟ نہیں میں کچھ نہیں کروں گا (درباریوں کو سہمی ہوئی نظروں سے دیکھتا ہے) جناب آپ تلوار کو اس طرح کیوں کھڑ کھڑا رہے ہیں (کونٹ رووالوف کو مخاطب کرتے ہوئے) تلوار کو اتار دیجئے۔ میں اپنی موجودگی میں کسی شخص کو تلوار رکھنے نہ دوں گا۔ (زاروچ کی طرف دیکھتا ہے) نہ اپنے لڑکے کو (پرنس پال کو مخاطب کرتے ہوئے) خفا تو نہیں ہو پرنس؟ ساتھ تو نہیں چھوڑ جاؤ

گے۔ ایک بار کہہ دو کہ نہیں! تمہیں کس چیز کی ضرورت ہے؟ دنیا کی ہر نعمت تمہارے لئے مہیا ہو سکتی ہے۔ ہر ایک نعمت!

پرنس پال: (جھکتے ہوئے) جہاں پناہ کا اعتماد حاصل کرنا ہی میرے لئے دنیا کی بہترین نعمت کے مترادف ہے (اپنے آپ سے) میں تو سمجھتا تھا آج کسی مصیبت کا سامنا کرنا پڑے گا۔

زار: (اپنی کرسی کی طرف جاتے ہوئے) خیر معزز اصحاب!

مارکوئس ڈی پی: غلام آرک اینگل کی وفادار رعایا کا ایڈریس پیش کرنے کا فخر حاصل کرتا ہے۔ جس میں جہاں پناہ پر جو آخری حملہ ہوا تھا اس پر اظہار نفرت کیا گیا ہے۔

پرنس پال: دو حملوں کے علاوہ مارکوئس! کیا آپ کو معلوم نہیں کہ یہ حملہ آج سے تین ہفتے قبل کا ہے۔

زار: آرک اینگل کی رعایا بہت نیک اور وفادار ہے۔ وہاں کے لوگ مجھے محبت کی نظروں سے دیکھتے ہیں۔۔۔ وہاں ایک نیا پادری بھیج دو۔ اس پر کون سا خرچ ہوتا ہے۔ ہاں !الیکسنز (زاروچ کی طرف مڑتے ہوئے) آج صبح کے غدار پھانسی دیئے گئے؟

زاروچ: تین شخص پھانسی پر لٹکائے گئے تھے جہاں پناہ!

زار: تین ہزار ہونے چاہئے تھے۔ آہ! اگر ان تمام لوگوں کی ایک گردن ہوتی تو میں ایک ہی جھٹکے میں ان سے نجات پا جاتا!!۔۔۔ ہاں! تو وہ کچھ بولے؟ اعتراف جرم کیا؟ کسی اور سازشی کا نام لیا؟

زاروچ: نہیں! جہاں پناہ۔

زار: تو پھر انہیں سزا کیوں نہ دی گئی۔۔۔ کیا میں اسی طرح تاریکی میں رکھا جاؤں گا؟ کیا مجھے اس جڑ کا پتہ نہ چلے گا جس سے یہ سازشی پھوٹتے ہیں؟

زاروچ: عوام کے بے چینی کی وجہ حکام کے ظلم و جور کے سوا اور کیا ہو سکتی ہے۔

زار: کیا کہہ رہے ہو لڑکے؟ ظلم؟ جور؟ میں ظالم ہوں کیا؟ ہرگز نہیں۔ مجھے عوام سے محبت ہے۔ میں ان کا باپ ہوں۔ سرکاری اعلانات میں مجھے اسی نام سے پکارا جاتا ہے۔ محتاط رہو لڑکے! معلوم ہوتا ہے ابھی تک تیری بیوقوف زبان ٹھیک نہیں ہوئی (پرنس پال کی طرف جا کر اس کے کندھے پر ہاتھ رکھتا ہے) پرنس پال! مجھے بتاؤ سازشیوں کو پھانسی دیتے وقت کتنے شخص جمع تھے۔

پرنس پال: پھانسی ان دنوں آج سے چار سال پہلے کی نسبت دلچسپ نہیں رہی۔ یہ جہاں پناہ کو معلوم ہی ہے کہ لوگ اپنی بہترین دلچسپیوں سے کس قدر جلد سیر ہو جایا کرتے ہیں۔ لیکن پھر بھی چوک اور گھروں کے چھجے کافی تماشائیوں سے بھرے ہوئے تھے۔ کیا آپ کو معلوم ہے شہزادے؟ (زاروچ کو مخاطب کرتے ہوئے جو اس کی بات پر کان نہیں دھرتا)

زار: ٹھیک ہے! ہر وفادار شہری کی وہاں پر موجودگی از بس ضروری ہے۔ ایسے منظر ان کے لئے عبرت کا سامان مہیا کر سکتے ہیں۔ اس گروہ میں سے کوئی گرفتار ہوا؟

پرنس پال: ایک عورت جو جہاں پناہ کو برا بھلا کہہ رہی تھی (یہ سن کر زار وچ چونک اٹھتا ہے) یہ عورت دو مجرموں کی ماں ہے۔

زار: (زاروچ کی طرف دیکھتے ہوئے) اولاد کی زحمت سے رہائی پانے کے لئے اسے شکر گزار ہونا چاہئے تھا۔۔۔ سپرد زنداں کر دو اسے!

زاروچ: جہاں پناہ! روس کے جیل خانے پہلے ہی سے پُر ہیں۔ اب ان میں مزید قیدی نہیں سما سکتے۔

زار: تو اس کا یہ مطلب ہے کہ ان کی موت جلد واقع نہیں ہوتی۔ انہیں ایک ہی

کوٹھری میں کیوں نہیں ٹھونس دیتے۔ میرا خیال ہے تم لوگ انہیں بہت عرصہ تک مکانوں میں نہیں رکھتے۔ ورنہ ان کی موت یقینی ہوتی۔ تم سب رحم دل ہو۔ میں خود رحم دل ہوں !۔۔۔ اس عورت کو سائبیریا بھیج دو۔ راستہ میں ہی مر جائے گی(محافظ خاص داخل ہوتا ہے) یہ کون ہے؟ یہ کون ہے؟

محافظ خاص: جہاں پناہ کے لئے ایک خط حاضر کرنا چاہتا ہوں۔

زار: (پرنس کو مخاطب کرتے ہوئے) میں اسے نہ کھولوں گا۔ شاید اس میں کوئی چیز موجود ہو۔

پرنس پال: اگر نہ ہو تو خط بہت حوصلہ شکن ہو گا جہاں پناہ!(خط لے کر پڑھتا ہے)

پرنس پیٹر ووخ: خط میں ضرور کوئی بری خبر درج ہے ۔۔۔ میں پال کی مسکراہٹ خوب سمجھتا ہوں۔

پرنس پال: جہاں پناہ! یہ عریضہ آرک اینگل کے سالار پولیس کی طرف سے ہے۔" آج صبح صوبے کے گورنر کو جبکہ وہ اپنے گھر کے صحن میں داخل ہو رہے تھے ایک عورت نے گولی کا نشانہ بنا دیا۔ قاتلہ حراست میں ہے۔"

زار: مجھے آرک اینگل کے لوگوں پر کبھی اعتماد نہ تھا۔ یہ جگہ سازشیوں اور انقلاب پسندوں کا مسکن ہے۔ یہاں سے پادری واپس منگالو وہ اس قابل نہیں۔

پرنس پال: جہاں پناہ اجازت فرمایئے کہ میں مارکوئس ڈی پاؤف رارڈ کا نام آرک اینگل کے نئے گورنر کے لئے پیش کر سکوں۔

مارکوئس۔ڈی۔پی: (جلدی سے) جہاں پناہ! خادم اس اعزاز کے قابل نہیں۔

پرنس پال: یہ کسر نفسی ہے آپ کی۔ یقین مانئے روس بھر میں اس اعزاز کے لئے مجھے سوائے آپ کے اور کوئی مناسب شخص نہیں ملتا(زار کے کان میں کچھ کہتا ہے)

زار: بالکل درست پرنس پال! تم ہمیشہ راستی پر ہوا کرتے ہو۔ دیکھو مارکوئس کے کاغذات کا جلد انتظام ہو جائے۔

پرنس پال: جہاں پناہ! انہیں آج رخصت ہو جانا چاہیئے۔ مارکوئس! میں آپ کی غیر موجودگی کو بہت محسوس کروں گا۔ آپ کا شراب اور عورت کے متعلق انتخاب مجھے ہمیشہ پسند رہا ہے۔

مارکوئس۔ڈی۔پی: آج ہی کیا؟ جہاں پناہ! (پرنس پال زار کے کان میں کچھ کہتا ہے)

زار: ہاں! مارکوئس آج ہی تمہیں چلا جانا چاہیئے۔

پرنس پال: میں آپ کی غیر موجودگی میں مادام مارکوئس کو افسردہ نہ ہونے دوں گا۔۔۔ مطمئن رہیئے۔

مارکوئس۔ڈی۔پی: مجھے تو اپنی فکر لاحق ہے۔

زار: آرک اینگل کا گورنر اپنے مکان پر گولی کا نشانہ بن گیا۔ میں یہاں محفوظ نہیں! ماسکو میں اس انقلاب کی جڑ ویرا کے ہوتے ہوئے میرے لئے کوئی جگہ بھی محفوظ نہیں۔ پرنس پال! کیا یہ عورت یہیں ہے آج کل؟

پرنس پال: سنا گیا ہے وہ کل رات گرانڈ ڈیوک کے ناچ میں موجود تھی۔ مگر میں باور نہیں کر سکتا۔ البتہ اتنا ضرور معلوم تھا کہ وہ نوووگوروڈ جانے والی تھی۔ پولیس نے ہر ٹرین میں اس کی تلاش کی مگر بے سود۔ اس نے کسی نامعلوم وجہ سے وہاں جانے کا ارادہ ملتوی کر دیا۔ کسی غدار نے خطرے سے ضرور مطلع کر دیا ہو گا اسے!۔۔۔ پھر کیا ہوا؟ وہ میرے ہاتھوں سے اب بھی بچ نہیں سکتی۔ ایک حسین عورت کا تعاقب ہمیشہ دلچسپ ہوا کرتا ہے جہاں پناہ!

زار: تمہیں شکاری کتوں سے اس کی تلاش کرنی چاہیئے۔ اور جب گرفتار ہو جائے تو

اسے درمیان سے چیر ڈالوں گا۔ ٹکٹکی پر کسوادو۔ حتیٰ کہ اس کا سپید جسم جلے ہوئے کاغذ کی طرح مڑ جائے۔

پرنس پال: جہاں پناہ! آپ متفکر نہ ہوں۔ ہم جلدی اس کا تعاقب شروع کر دیں گے۔ مجھے امید ہے شاہزادہ الیکسنر ہمیں ضرور مدد دیں گے۔

زاروچ: ایک عورت کو تباہ کرنے کے لئے تم کبھی کسی مدد کے خواہاں نہیں ہوئے پرنس پال!

زار: ویرا، انقلاب پسند ماسکو میں! آہ میرے خدا کیا موجودہ زندگی سے کتوں ایسی موت بہتر نہیں جو وہ میرے لئے تیار کر رہے ہیں! نیند نصیب نہیں اور اگر خوشی قسمتی سے آنکھ لگ جائے تو اس قسم کے بھیانک خواب جس کے مقابلے میں دوزخ پاسنگ بھی نہیں، ہر مسکراہٹ پر غداری کا شبہ کھانے کی ہر پلیٹ میں زہر کا گمان، ہر ہاتھ میں خنجر کی جھلک۔ شب بھر کروٹیں، چھپے ہوئے قاتل کے رینگنے پر کان۔۔۔ سب جاسوس ہو۔۔۔ سب جاسوس ہو۔ تم! میرے لڑکے، میرے اپنے لڑکے! سب سے بدترین جاسوس۔ وہ کون ہے جو یہ خونیں اشتہار میرے تکئے اور میز کے نیچے چھپا آتا ہے؟ تم سب میں سے وہ کون غدار ہے۔ جو مجھے دھوکا دے رہا ہے؟ آہ! میرے خدا!! میرے خدا!!!! انگلستان سے نبرد آزمائی کا زمانہ بھی کوئی وقت تھا جب مجھے کوئی چیز خوفزدہ نہ کر سکتی تھی۔ (ذرا جوش سے) میدان جنگ کی خونی ندیوں میں نہاتا ہوا اپنا" عقاب" واپس لایا جو دشمن چھین کر لے گئے تھے۔ اس وقت لوگوں نے کہا میں بہادر ہوں میرے باپ نے جوانمردی کا تمغہ عنایت کیا۔ آہ اگر وہ اب مجھے اس طرح بزدل وارزاں دیکھے تو کیا کہے (کرسی پر بیٹھ جاتا ہے) لڑکپن میں محبت کے لفظ سے ناآشنا تھا۔ جب میں نے خود خوف کے عالم میں پرورش پائی تو بتائیے میں کس قسم کی حکومت کر سکتا ہوں؟ (اٹھ کھڑا ہوتا ہے) میں انتقام لوں گا!

رات کی ہر اس ساعت کے لئے جو میں نے خنجر اور پھندے کے انتظار میں کروٹیں لے لے کر بسر کی انہیں سائبیریا کے یخ میدانوں میں سالہا سال گزارنے پڑیں گے۔ صدیوں تک کانوں میں گلتے رہنا ہو گا۔ہاں یہی میرا انتقام ہو گا۔

زاروچ: ابا! لوگوں پر رحم کرو۔ جو مانگتے ہیں بخش دو۔

پرنس پال: تو جہاں پناہ کو اپنا سر تیار رکھنا چاہئے۔ وہ یہی طلب کرتے ہیں۔

زار: عوام! عوام! پنجرہ سے نکلے ہوئے بھیڑیئے جو مجھ پر حملہ آور ہو رہے ہیں۔ مگر میں ان کا مقابلہ آخری سانس تک کروں گا۔ اب رحم سے کنارہ کشی کر چکا ہوں۔ ان انقلاب پسندوں کو ایک ہی ضرب میں پیس ڈالوں گا۔ روس میں اس جماعت کا کوئی مرد نہ بچے گا۔ نہ کوئی عورت زندہ رہنے پائے گی۔ میں کس کام کا شہنشاہ ہوں۔ اگر ایک نکمی عورت مجھے اتنے عرصے تک دبائے رکھے۔ اس ہفتہ کے اندر ویرا میری گرفت میں ہو گی۔ خواہ اس کے لئے مجھے اپنا تمام شہر شعلوں ہی میں تبدیل کیوں نہ کرنا پڑے۔ اس کے جسم پر درے لگائے جائیں گے۔ قلعہ میں دم گھٹنے کے لئے مقید کر دی جائے گی۔ چوک میں پھانسی کے لئے لٹکا دی جائے گی۔

زاروچ: آہ! میرے خدا!!

زار: دو سال سے اس کے ہاتھ میری گردن دبا رہے ہیں، اتنے عرصے سے اس نے میری زندگی کو دوزخ بنا رکھا ہے۔ مارشل لا! پرنس مارشل لا! سلطنت بھر میں مارشل لا نافذ ہو۔ یہی میرے انتقام کی آگ کو ٹھنڈا کر سکتا ہے۔ یہی بہترین صورت ہے پرنس! یہی بہترین طریق ہے۔

پرنس پال: اور کم خرچ بھی! اس طرح صرف چھ ماہ میں آپ زائد آبادی سے نجات حاصل کر لیں گے۔ عدالت کے اخراجات کا زیر بار بھی نہ ہونا پڑے گا۔

زار: درست! روس میں لوگوں کی بہت افراط ہے۔ ان پر بہت روپیہ صرف ہو رہا ہے۔ عدالت کے اخراجات بڑھ رہے ہیں۔ میں ان پر قفل لگا دوں گا۔

زاروچ: جہاں پناہ! کچھ کرنے سے پہلے سوچ لیجئے۔۔۔

زار: پرنس پال! اعلانات کب تک تیار ہو سکتے ہیں؟

پرنس پال: آج سے چھ ماہ پہلے کے تیار ہیں۔ مجھے علم تھا جہاں پناہ کو ان کی ضرورت محسوس ہو گی۔

زار: خوب! بہت خوب!! تو پھر کام فوراً شروع ہو جانا چاہیئے۔۔۔ اگر یورپ کے ہر بادشاہ کے پاس تم ایسا وزیر ہوتا۔۔۔

زاروچ: تو بادشاہوں کی تعداد میں ضرور کمی واقع ہو جاتی۔

زار: (پرنس پال کے کان میں ڈرتے ہوئے) اس لڑکے کا مدعا کیا ہے؟

تم اس پر بھروسہ کرتے ہو کیا؟ معلوم ہوتا ہے قید خانے نے اس کی ابھی تک اصلاح نہیں کی۔ جلاوطن کر دوں؟۔۔۔ یا (بالکل آہستہ) شہنشاہ پال نے بھی یہی کچھ کیا تھا۔ اور ملکہ کیتھرائن (دیوار پر تصویر کی طرف اشارہ کرتے ہوئے) نے بھی۔:

پرنس پال: جہاں پناہ! ڈرنے کی کوئی بات نہیں۔ شہزادہ نہایت ذہین نوجوان ہے۔ وہ بظاہر عوام کا گرویدہ ہے۔ اور شاہی محلوں میں رہتا ہے۔ اشتراکیت کا واعظ ہے اور اس قدر ماہانہ خرچ لیتا ہے جو ایک صوبہ کے محاصل کے برابر ہے۔ ایک نہ ایک دن اسے معلوم ہو جائے گا کہ جنون جمہوریت کا بہترین علاج شاہی تاج ہے۔

زار: تمہارا خیال صحیح ہے۔ میرا بیٹا ہو کر وہ عوام کا گرویدہ نہیں ہو سکتا۔

پرنس پال: اگر لوگوں کے ساتھ دو ہفتہ بھی بسر کرے تو ان کے بدمزہ کھانے جلد اس کے دماغ سے جمہوری خیالات کو نکال دیں گے۔۔۔ جہاں پناہ ہمیں اپنا کام شروع کر

دینا چاہئے۔

زار: فوراً اعلان پڑھ کر سناؤ۔۔۔ حضرات! تشریف رکھئے۔ الیکسز! الیکسز!! آؤ اور اعلان سنو! یہ تمہارے لئے عملی سبق ثابت ہو گا۔ تمہیں بھی تو آخر ایک دن یہی کام کرنا ہے۔

زار وچ: ایسے اعلان اس سے پیشتر بہت سن چکا ہوں (میز کے پاس بیٹھ جاتا ہے۔ کاؤنٹ رووالوف اس کے کان میں کچھ کہتا ہے)

زار: کاؤنٹ! کیا سرگوشیاں ہو رہی ہیں؟

کاؤنٹ رووالوف: جہاں پناہ! میں شہزادہ عالم کو کچھ نصیحت کر رہا ہوں۔

پرنس پال: جہاں پناہ! کاؤنٹ رووالوف اسراف کا ایک نمونہ ہے جس چیز کی اسے زیادہ ضرورت ہو وہی لوگوں کو بخشتا ہے (کاغذات زار کے حضور میز پر رکھتا ہے) مجھے امید ہے جہاں پناہ انہیں پسند فرمائیں گے۔۔۔ "عوام الناس سے محبت"، "عوام کا شفیق باپ" "مارشل لائ" اور حسب دستور اللہ تعالیٰ کی نسبت آخری سطور اب تو صرف اعلیٰ حضرت کے دستخط ہونے باقی ہیں۔

زار وچ: جہاں پناہ!۔۔۔

پرنس پال: (جلدی سے) اگر جہاں پناہ اس اعلان پر دستخط فرما دیں تو میں اعلیٰ حضرت سے وعدہ کرتا ہوں کہ چھ ماہ کے اندر اندر ہر ایک انقلاب پسند کو پیس کر رکھ دوں گا۔

زار: ذرا پھر کہنا! روس میں ہر ایک انقلاب پسند کو! ہر ایک!! اس عورت کو بھی جو ان کی سرغنہ ہے۔ جو میرے ہی ملک میں میرے خلاف بغاوت کا جھنڈا بلند کر رہی ہے۔ پرنس پال! میں تمہیں مارشل لاء کے نفاذ کے لئے مملکت روس کا سالار اعظم مقرر کرتا

ہوں۔ اعلان مجھے دو۔ میں ابھی دستخط کرتا ہوں۔

پرنس پال: (کاغذ کی طرف اشارہ کرتے ہوئے) جہاں پناہ اس مقام پر۔ زار وچ (کھڑا ہو جاتا ہے اور کاغذ پر ہاتھ رکھ دیتا ہے) ٹھہریئے! میں کہتا ہوں ذرا ٹھہریئے! پادریوں نے تو لوگوں سے آسمانی جنت چھین لی۔ آپ انہیں گھر بار سے محروم کر رہے ہیں۔

پرنس پال: شہزادہ! وقت ہاتھ سے جا رہا ہے۔ یہ لڑکا تو بنا بنایا کھیل بگاڑ دے گا۔ جہاں پناہ! قلم اٹھایئے۔

زاروچ: کیا! ایک قوم کا گلا گھونٹنا مملکت کا قتل عام، سلطنت کی تباہی تمہارے نزدیک ایک معمولی کھیل ہے۔ ہم کون ہیں جو لوگوں کو اس طرح خوفزدہ کرنے کی جرائت کریں کیا وہ ہم سے بڑھ کر بدکردار ہیں کہ ان کا اعمال کا فیصلہ کرنے بیٹھیں۔

پرنس پال: یہ شہزادہ کتنا بڑا اشتراکی ہے کہ مالی مساوات کی طرح گناہوں کو بھی برابر تقسیم کرنا چاہتا ہے۔

زاروچ: ایک ہی سورج کی شعاعوں میں پرورش پانے والے ایک ہی فضا میں سانس لینے والے ایک ہی آب گل کی تخلیق۔۔۔ وہ کس بات میں ہم سے مختلف ہیں۔ یہی نا کہ وہ فاقوں مر رہے ہیں اور ہم شکم سیر۔ وہ محنت و مشقت میں مصروف ہیں، اور ہم ست اور کاہل۔ وہ بیمار ہیں اور ہم انہیں زہر پیش کر رہے ہیں، وہ پہلے سے نیم جان ہیں اور ہم ان کا گلا گھونٹ رہے ہیں۔

زار: یہ جرائت!۔۔۔

زاروچ: میں عوام کے لئے ہر چیز کی جرات کروں گا۔ مگر آپ ہیں کہ ان کے جائز حقوق ضبط کر رہے ہیں۔

زار: عوام کے کوئی حقوق نہیں۔

زار وچ: تو پھر ان کے پاس آپ کی کی ہوئی غلطیاں جمع ہیں۔ ابا! ان ہی لوگوں نے آپ کے لئے جنگ کے میدانوں کو جیتا۔ بحیرہ بالٹک کے گھنے جنگلوں سے لے کر ہندوستان کے درختوں تک آپ کے نام کا ڈنکا بجایا۔ جہاں گئے فتح و نصرت پاؤں چومتی رہی۔ گو عمر میں زیادہ نہیں۔ مگر ان آنکھوں نے میدان جنگ میں لاکھوں انسانوں کو جام فنا پیتے دیکھا۔ ہاں اور وہ یہی لوگ تھے جو جان جوکھوں میں ڈال کر میزان جنگ کے پلڑے سے فتح چھین لائے۔ جبکہ ”ہلال احمر“ ہمارے ”عقابوں“ پر چھا رہا تھا۔

زار: (قدرے متاثر ہو کر) وہ لوگ مر گئے۔ اب مجھے ان سے کیا غرض؟

زار وچ: کچھ بھی نہیں! وہ اب محفوظ ہیں۔ آپ انہیں تکلیف نہیں پہنچا سکتے وہ ابدی نیند سو رہے ہیں۔ کچھ ترکستان کے گہرے سمندروں میں کچھ نوروے اور وین کی بلندیوں پر۔ مگر ان کی زندہ نسلوں، ہمارے بھائیوں کے ساتھ آپ نے کون سا اچھا سلوک کیا؟ انہوں نے روٹی کے لئے ہاتھ پھیلائے تو آپ نے پتھر پیش کئے۔ آزادی طلب کی تو زہریلے بچھوؤں میں دھکیل دیئے گئے۔ اس انقلاب کے بیج آپ نے خود اپنے ہاتھوں بوئے ہیں۔

پرنس پال: اور کیا ہم فصل نہیں کاٹ رہے ہیں؟

زار وچ: آہ! بھائیو! لوہے کی بارش اور چیختے ہوئے تباہ حال لوگ۔ کاش کہ وہ ہمیشہ کے لئے فنا ہو جاتے۔ تو اس جہنم جیسی زندگی سے ہزار درجہ بہتر ہوتا۔ جنگل کے درندے جائے پناہ رکھتے ہیں۔ آوارہ وحشیوں کے لئے غار ہیں۔ مگر روس کے باشندوں، دنیا کی فاتح قوم کے سر چھپانے کے لئے کوئی جگہ نہیں۔

پرنس پال: پھانسی کا پھندہ موجود ہے۔

زار وچ: پھانسی کا پھندہ! اپنی واحد مسرت کے لئے تم ان کی حسیات مٹا چکے۔ اب جسم مردہ کرنا چاہتے ہو۔

زار: بدلگام لڑکے! کیا بھول گئے ہو شہنشاہ روس کون ہے؟

زار وچ: نہیں! خدا کے فضل و کرم سے اب عوام حکومت کرنے والے ہیں آپ کو گلہ کا گڈریا ہونا چاہئے تھا۔ مگر آپ ڈرپوک ہونے کی وجہ سے بھاگ گئے اور انہیں بھیڑیوں کے حوالہ کر دیا۔

زار: لے جاؤ اسے! پرنس پال! لے جاؤ!

زار وچ: خدا نے ان لوگوں کو فریاد کے لئے زبان بخشی ہے۔ لیکن آپ اس زبان کو گدی سے کھینچ لانا چاہتے ہیں کہ وہ مصیبت اور تکلیف کے وقت گونگے بنے رہیں۔ مگر لڑنے کے لئے خدا نے انہیں ہاتھ دے رکھے ہیں۔ وہ ضرور لڑیں گے! ہاں! اس برگشتہ نصیب اور فاقوں سے نیم مردہ زمین کے بطن سے انقلاب ایک خونی بچہ کی طرح پیدا ہو گا جو آپ کا نام صفحہ ہستی سے نابود کر دے گا۔

زار: شیطان! قاتل میری موجودگی میں میری داڑھی نوچنے کا مطلب؟

زاروچ: اس لئے کہ میں انقلاب پسند ہوں۔ (وزراء حیرت سے اچھل پڑتے ہیں۔ چند لمحات کے لئے قبر کی خاموشی طاری ہو جاتی ہے)

زار: انقلاب پسند! انقلاب پسند!! ایک سانپ جسے میں اپنی آستین میں پالتا رہا۔ ایک غدار جسے میں اپنی گود میں کھلاتا رہا۔ کیا یہی تمہاری کرتوت ہے؟ پرنس پال، سالار اعظم سلطنت روس، ولی عہد کو گرفتار کر لو۔

وزرا: گرفتار کر لو!

زار: انقلاب پسند! اگر ان کے ساتھ انقلاب کے بیج بونے میں شامل رہے ہو تو انہیں

کے ساتھ کاٹو گے۔ اگر ان کے ساتھ گفتگو کی ہے تو انہیں کے ہمراہ سختیاں جھیلو گے۔ اگر ان کے پاس رہے ہو تو انہی کی موت مرو گے۔

پرنس پیٹرووخ: مرو گے!!

زار: تمام بیٹوں پر طاعون! روس میں کوئی شادی نہیں ہونی چاہئے اگر مائیں تم ایسے سانپ پیدا کریں۔۔۔ میں کہہ رہا ہوں زاروچ کو گرفتار کر لو۔

پرنس پال: زاروچ! شہنشاہ کے حکم سے تمہاری تلوار چاہتا ہوں۔ (زاروچ تلوار دیتا ہے۔ جسے پرنس پال میز پر رکھ دیتا ہے) بیوقوف لڑکے! تم سازشی بننے کے قابل نہیں ہو۔ شاہی محل میں اس قسم کی جر_Éت؟

زار: (کرسی پر بیٹھتے ہوئے) آہ! میرے خدا!!

زاروچ: اگر عوام کے لئے میری جان جائے تو حاضر ہے۔۔۔ صرف ایک انقلاب پسند کی کمی و بیشی میں کون سا فرق آجائے گا؟

پرنس پال: (ایک طرف ہو کر) صرف تمہیں اپنی جان سے ہاتھ دھونے پڑیں گے۔

زاروچ: وہ عظیم برادری جس سے میں تعلق رکھتا ہوں مجھ ایسے ہزاروں افراد پر مشتمل ہے، لاکھوں، بلکہ کروڑوں (یہ سن کر زار فرط حیرت سے اچھل پڑتا ہے) آزادی کا ستارہ طلوع ہو چکا ہے۔ اب مجھے دور سے جمہوریت کی لہر ان ذلیل ساحلوں سے ٹکراتی ہوئی نظر آتی ہے۔

پرنس پال: (پرنس پیٹرووخ سے) اس صورت میں ہم دونوں کو تیرنا سیکھ لینا چاہئے۔

زاروچ: ابا! شہنشاہ!! آقا!!! میں اپنی ذات کے لئے درخواست نہیں کر رہا۔ بلکہ اپنے

بھائی۔۔۔ عوام کی جان بخشی کے لئے التجا کر رہا ہوں۔

پرنس پال: (ترش کلامی سے) تمہارے بھائی، عوام اپنی جانوں کی سلامتی پر قانع نہیں، وہ ہمیشہ ہمسایہ کی جان پر بھی آنکھ رکھتے ہیں۔

زار: (کھڑے ہو کر) پر از خوف زندگی سے تنگ آگیا ہوں۔ اب خوف کو طاق پر رکھ دیا، آج سے میں لوگوں کے خلاف اعلان جنگ کرتا ہوں۔۔۔ جنگ جو ان کی تباہی کا باعث ہوگی۔ جس طرح وہ مجھ سے پیش آئے اسی طرح میں ان سے پیش آؤں گا۔ ان کی ہڈیوں کا سرمہ بنا کر ہوا میں اڑا دوں گا۔ ہر گھر میں میرا جاسوس ہوگا۔ ہر انگیٹھی میں غدار جھلستا ہوگا۔ ہر گاؤں میں جلاد اور ہر چوک میں ٹکٹکی ہوگی۔ میرے قہر سے طاعون، جذام اور وبا کم غارت، گر ہوں گے۔ ملک کا ہر کونہ قبرستان۔ شہر کا چپہ چپہ ماتم کدہ ہوگا۔ مریض تلوار سے شفا پائیں گے۔ روس میں امن ہوگا۔ خواہ وہ وادی خموشاں ہی کا امن کیوں نہ ہو۔ کون کہتا ہے میں بزدل ہوں؟ کون کہتا ہے میں خوفزدہ ہوں؟ دیکھو! اس طرح ان لوگوں کو اپنے پاؤں کے نیچے روند ڈالوں گا۔ (زار وچ کی تلوار پاؤں تلے روندتا ہے)

زاروچ: ابا دیکھئے کہیں یہی تلوار زمین سے اچھل کر آپ کو زخمی نہ کر دے عوام بہت عرصہ تک تکالیف برداشت کرتے رہے ہیں۔ مگر ایک نہ ایک دن انتقام کا وقت آیا چاہتا ہے۔۔۔ خون میں رنگنے کے لئے ہاتھ اٹھ کھڑے ہوتے ہیں۔

پرنس پال: ہوں! تمہارے بھائی نشانے میں ماہر نہیں۔ ان کی گولی ہمیشہ خالی جاتی ہے۔

زاروچ: وہ وقت نہیں بھولنا چاہئے جب لوگ خدا کی لاٹھی بن جاتے ہیں۔

زار: ہاں! اور وہ وقت بھی فراموش نہیں کرنا چاہئے جب بادشاہ لوگوں کے جسموں

کے لئے کوڑا ہوا کرتے ہیں۔ آہ! میرا اپنا لڑکا! میرے اپنے گھر میں، میرے ہی خون کی تخلیق میرے خلاف!! لے جاؤ اسے! نظروں سے دور لے جاؤ! محافظوں کو بلاؤ (محافظ خاص داخل ہوتا ہے زار ولی عہد کی طرف اشارہ کرتا ہے جو سٹیج کے کونہ میں خاموش کھڑا ہے) ماسکو کے تاریک ترین زندان میں کہ اس کا منحوس چہرہ پھر نہ دیکھنے پاؤں (محافظ زار وچ کو باہر لے جانے لگتے ہیں) ٹھہرو، ٹھہرو!! چھوڑ دو مجھے محافظوں پر اعتبار نہیں، وہ سب انقلاب پسند ہیں وہ اسے چھوڑ دیں گے اور وہ مجھے مار دے گا۔۔۔ قتل کر دے گا۔ نہیں! نہیں! میں خود اسے اپنے ہاتھوں سے مقفل کروں گا۔ میں اور تم دونوں اسے زنداں میں لے جائیں گے (پرنس پال سے) مجھے تم پر اعتماد ہے اس لئے کہ تم رحم سے ناآشنا ہو۔ میں بھی رحم کو کام میں نہ لاؤں گا۔ آہ! میرا اپنا لڑکا۔ مجھ سے برسرپیکار! فضا میں کس قدر حبس ہے، سانس مشکل سے چل رہا ہے۔ بیہوش ہو رہا ہوں۔ معلوم ہوتا ہے جیسے کوئی چیز گلے میں اٹک رہی ہے۔ کھڑکیاں کھول دو! نظروں سے غائب ہو جاؤ!!۔۔۔ نظروں سے غائب ہو جاؤ!! میں ان آنکھوں کی تاب نہیں لا سکتا۔ ٹھہرو! ٹھہرو! میں خود کھڑکیاں کھولتا ہوں۔ کھڑکیاں کھول دیتا ہے۔ اور بالکونی پر چلا جاتا ہے

پرنس پال: (گھڑی دیکھتے ہوئے) کھانا ٹھنڈا ہو جائے گا۔۔۔ سیاسیات اور ولی عہد کس قدر تنگ کرنے والی چیزیں ہیں

آواز: (بازار میں) خدا عوام کی حفاظت کرے (زار کو گولی لگتی ہے اور وہ لڑکھڑا کر کمرے میں گر پڑتا ہے)

زاروچ: (محافظوں کی گرفت سے نکل دوڑتا ہے) ابا!

زار: قاتل! خونی! یہ تمہارا کام ہے (مر جاتا ہے)

(پردہ گرتا ہے)

تیسرا ایکٹ

وہی منظر، وہی کام جیسا کہ پہلے ایکٹ میں تھا۔ زر دلبادے میں ملبوس ایک شخص ننگی تلوار کھینچے دروازے پر پہرہ دے رہا تھا

صورت خاص: لعنت ہو ظلم پر۔

جواب: لعنت ہو فاتح پر (تین دفعہ)

(سازشی داخل ہوتے ہیں اور نصف دائرہ کی شکل میں بیٹھ جاتے ہیں)

صدر: کون سی ساعت ہے؟

پہلا سازشی: ساعت، انقلاب

صدر: دن؟

دوسرا سازشی: یوم الخطر

صدر: مہینہ؟

تیسرا سازشی: ماہ آزادی

صدر: ہمارا فرض؟

چوتھا سازشی: اطاعت۔

صدر: مقصد؟

پانچواں سازشی: حضرت صدر! مجھے معلوم نہ تھا کہ آپ کا کوئی مقصد بھی ہے۔

سازشی: جاسوس! جاسوس!! نقاب الٹ دو جاسوس کا!

صدر: دروازے بند کر دو۔ اس کے سوا باقی سب انقلاب پسند ہیں

سازشی: نقاب اتار دو! قتل کر دو! قتل کر دو! قتل کر دو!!(نقاب پوش سازشی نقاب اتارتا ہے)

پرنس پال!!!

ویرا: شیطان! شیروں کے کچھار میں داخل ہونے کے لئے تمہیں کس نے ترغیب دی؟

سازشی: ہلاک کر دو! ہلاک کر دو!

پرنس پال: حضرات! تحمل سے کام لیجئے۔ یہ کوئی مہمان نوازی نہیں؟

ویرا: مہمان نوازی! خنجر اور پھانسی کے علاوہ تمہارا کس چیز سے استقبال کیا جا سکتا ہے؟

پرنس پال: مجھے علم نہ تھا کہ انقلاب پسند اس قسم کے واقع ہوئے ہیں۔ یقین مانئے اگر میں اعلیٰ ترین سوسائٹی اور بد ترین جاسوسوں کی مجلس میں داخل نہ ہو سکتا تو روس کا وزیر اعظم ہرگز نہ ہوتا۔

ویرا: بھیڑیا اپنی فطرت نہیں بدل سکتا۔ سانپ ڈسنا نہیں چھوڑ سکتا۔ مگر بتاؤ تو سہی تمہارے دل میں عوام کی محبت پیدا ہو گئی کیا؟

پرنس پال: میرے خدا! ہرگز نہیں مادام! قید خانے کی اندھیری کوٹھڑی سے کمرہ ٔ طعام کی لڑائی بہت بہتر ہے۔ علاوہ بریں مجھے عوام سے سخت نفرت ہے۔ جن سے سخت تعفن آتا ہے، جن کے کپڑے بو میں بسے ہوئے ہوتے ہیں۔ جو علی الصباح بیدار ہو کر ایک ہی برتن میں کھانا کھاتے ہیں۔

صدر: تو پھر تمہیں ایسے انقلاب سے فائدہ؟

پرنس پال: میرے دوست! میرے پاس پھوٹی کوڑی تک بھی نہیں اس پریشان

دماغ لڑکے نئے زار نے مجھے نکال دیا ہے۔

ویرا: سائبیریا۔

پرنس پال: نہیں۔ پیرس بھیج رہا ہے۔ میری تمام جائداد ضبط کرلی ہے۔ عہدے اور باورچی سے بھی محروم کر دیا ہے۔ اب میرے پاس صرف لباس ہی لباس ہے۔ میں یہاں انتقام کی خاطر آیا ہوں۔

صدر: اس حالت میں تجھے ہم میں شامل ہونے کا حق حاصل ہے۔ ہم بھی انتقام ہی کی خاطر ہر روز جمع ہوتے ہیں۔

پرنس پال: آپ کو روپیہ کی ضرورت ہو گی۔ اس قسم کی جماعتوں کو اکثر روپے کی ضرورت ہوا کرتی ہے۔ یہ لو (کچھ نقدی میز پر رکھ دیتا ہے) آپ لوگوں نے اس قدر جاسوس چھوڑ رکھے ہیں کہ معلوم ہوتا ہے آپ کو واقعی صحیح معلومات کی تلاش ہے۔ مجھ سے بہتر باخبر انسان آپ کو ڈھونڈھے بھی نہیں ملے گا۔ روس کا ہر قانون میرا ہی مرتب کیا ہوا ہے۔

ویرا: صدر! مجھے اس شخص پر اعتبار نہیں۔ یہ روس میں بہت ستم ڈھا چکا ہے۔

پرنس پال: مادام! آپ غلطی پر ہیں۔ یقین جانئے میں آپ کی جماعت میں ایک قابل قدر اضافہ ثابت ہوں گا۔۔۔ حضرت صدر! اگر مجھے یہ خیال نہ ہوتا کہ آپ میرے لئے مفید ہوں گے تو میں ہرگز اپنی جان کو اس خطرے میں نہ ڈالتا!

صدر: ہاں! اگر اس کو جاسوسی ہی کرنی تھی تو ویراوہ خود چل کر یہاں نہ آتا؟

پرنس پال: اس صورت میں میں اپنے بہترین دوست کو بھیج دیتا۔

صدر: اس کے علاوہ اس معاملہ کے متعلق جو ہم آج رات طے کرنے والے ہیں یہی ایک شخص ہے جو ہمیں اچھی طرح اطلاعات بہم پہنچا سکتا ہے۔

ویرا: جیسے آپ کی مرضی:۔

بھائیوں ! کیا آپ کی خواہش ہے کہ پرنس پال کو حلف دلوا کر اپنی جماعت میں داخل کرلیا جائے؟

سازشی: کرلیا جائے؟

صدر: (ہاتھ میں کاغذ اور خنجر پکڑ کر) پرنس پال حلف یا خنجر؟

پرنس پال: (زہر خند سے) میں دوسروں کی غارت گری کو اپنی موت پر ترجیح دیتا ہوں۔ (کاغذ پکڑ لیتا ہے)

صدر: اگر تم نے ہمیں دھوکا دیا تو یاد رکھو جب تک سر زمین روس میں زہر اور فولاد دستیاب ہو سکتا ہے! جب تک مرد وار کرسکتے ہیں۔ اور جب تک عورت دغا دے سکتی ہے تم ہمارے انتقام سے بچ نہیں سکتے۔ انقلاب پسند اپنے دوستوں کو بھولا نہیں کرتے اور نہ اپنے دشمنوں کو معاف کیا کرتے ہیں!

پرنس پال: مجھے معلوم نہ تھا آپ لوگ اس قدر مہذب ہیں۔

ویرا: (کمرے میں ادھر ادھر ٹہلتے ہوئے) وہ ابھی تک کیوں نہیں آیا؟ وہ تاج شاہی کو ہرگز پسند نہ کرے گا۔۔۔ میں اسے خوب جانتی ہوں۔

صدر: دستخط کرو (پرنس پال دستخط کرتا ہے) تم کہہ رہے تھے ہمارا کوئی مقصد نہیں اب اسے پڑھو۔

ویرا: صدر! تم بہت خطرناک کھیل کھیل رہے ہو۔۔۔ آخر ہمیں اس شخص سے فائدہ؟

صدر: ہم اس سے کام لے سکتے ہیں۔

ویرا: پھر؟

صدر: پھانسی!

پرنس پال: (پڑھتا ہے) "حقوق انسانی" پرانے زمانے میں لوگوں کو اپنے حقوق ہی سے غرض تھی۔ مگر اب ہر نوزائیدہ منہ میں اپنے سے کچھ بڑا اشتراکی حقوق کا انگوٹھا لئے پیدا ہوتا ہے۔ قدرت ایک وسیع کارخانہ ہے۔ مندر نہیں۔ اس لئے ہم محنت و مشقت کے لئے جائز حقوق طلب کرتے ہیں۔" اس صورت میں تو میں اپنے حقوق سے باز آیا۔

ویرا: (کچھ دور ٹہل رہی ہے) آہ! وہ پھر نہیں آئے گا کیا؟۔۔۔ کبھی نہیں؟

پرنس پال: وہ خاندان کا خاندان جو جماعتوں کے معاشری و ملی الحاق کے خلاف ہو کچل دیا جائے۔ صدر! میں اس سے سو فیصدی متفق ہوں۔ خاندان بہت تکلیف دہ ہوا کرتا ہے۔ خاص کر اس وقت جب آدمی شادی شدہ نہ ہو (دروازہ پر تین دفعہ دستک)

ویرا: آخرکار الیکسنر آ گیا!

صورت خاص: لعنت ہو ظلم پر۔

جواب: لعنت ہو فاتح پر۔

(مچل داخل ہوتا ہے)

صدر: مچل! قاتل شہنشاہ!! بھائیو! ہمیں اس شخص کا احترام کرنا چاہئے۔ جس کے ہاتھوں نے ایک شہنشاہ کو کم کر دیا ہے۔

ویرا: (اپنے آپ سے) ابھی وقت ہے وہ ضرور آئے گا!

صدر: مچل! تو نے روس کو بچا لیا۔

مچل: ہاں ظالم کی موت کے بعد روس صرف چند لمحات آزادی کے سانس لے سکا۔ مگر اب آفتاب آزادی صبح کاذب کی فریب دہ روشنی کی طرح پھر غروب ہو گیا ہے۔

صدر: ظلم کی اندھیری رات ابھی روس سے نہیں گئی۔

مچل: (خنجر نکالتے ہوئے) صرف ایک ضرب اور۔۔۔ پھر مکمل آزادی یقینی ہے۔

ویرا: (اپنے آپ سے) ایک ضرب اور؟ کیا کہہ رہا ہے؟ آہ! ناممکن! دیگر وہ ہمارے درمیان کیوں موجود نہیں؟ الیکسز!! الیکسز!! تم کیوں نہیں آئے؟

صدر: مچل! تم کس طرح بچ نکلے؟ افواہ تو یہ تھی کہ تمہیں گرفتار کر لیا گیا ہے۔

مچل: میں شاہی محافظ کے بھیس میں تھا۔ پہرہ دار کرنل نے جو ہماری جماعت سے ہے مجھے اندر داخل ہو جانے دیا۔ اور اس سے پیشتر کہ محلات کے دروازے بند ہو جائیں۔ گھوڑے پر سوار ہو کر منزل مقصود پر پہنچ گیا۔

صدر: اس کا بالکونی پر آنا بھی خوف اتفاق تھا۔

مچل: اتفاق! کیسی مہمل چیز ہے۔ یہ خدا کا اشارہ تھا جو اسے وہاں پر کشاں کشاں لے آیا۔

صدر: مگر اتنے روز کہاں رہے؟

مچل: پادری نکولس کے ہاں چھپا رہا۔

صدر: نکولس ایماندار شخص ہے۔

مچل: ایک پادری ہو کر ایماندار۔۔۔ میں اب یہاں ایک غدار کو موت کے گھاٹ اتارنے آیا ہوں۔

ویرا: (اپنے آپ سے) آہ! میرے خدا کیا وہ کبھی نہ آئے گا؟ الیکسز کیوں نہیں آئے؟ تم غدار نہیں بن سکتے!!

مچل: (پرنس پال کو دیکھ کر) پرنس پال یہاں؟ اپنے خون کی قسم خوب شکار پھانسا! یہ گرفتاری ضرور ویرا ہی کے ہاتھوں عمل میں آئی ہے زہریلے سانپ کو پکڑنا اسی کا کام

ہے۔

صدر: پرنس پال نے ابھی ابھی حلف اٹھایا ہے۔

ویرا: الیکسنر۔۔۔ زار نے اسے جلاوطن کر دیا ہے۔

مچل: صریحاً دھوکہ! خیر پرنس پال کے لئے ہم اپنی خوفناک حکومت میں کوئی نہ کوئی ملازمت تلاش کر لیں گے۔ اس عرصہ تک خونیں کاموں میں اس نے اچھی خاصی مہارت حاصل کر لی ہے۔

پرنس پال: (مچل کے پاس جا کر) نشانہ خوب تھا۔ میرے رفیق!

مچل: بچپن ہی سے اعلیٰ حضرت کے وحشی ریچھوں پر نشانہ کی مشق کرتا رہا ہوں۔

پرنس پال: کیا میری شکار گاہوں کے محافظ بیوقوف تھے۔۔۔ سوئے رہتے تھے۔

مچل: نہیں پرنس! میں بھی انہی محافظوں میں سے ایک ہوں۔ مگر آپ کی طرح ہر اس چیز پر، جو میری نگرانی میں چھوڑی جائے ڈاکہ مار لیا کرتا ہوں۔

صدر: یہاں کی فضا تمہارے لئے بالکل نئی ہے پرنس! یہاں ہر شخص راست گوئی سے کام لیتا ہے۔

پرنس پال: اس قسم کی راست گوئی عموماً اصل مطلب سے دور لے جایا کرتی ہے۔ یہاں تو خیالات کا عجیب انتشار ہے صدر!۔۔۔ ایک قسم کی خود نمائی ہے میرے خیال میں!

صدر: مگر مجھے امید ہے کہ تم نے یہاں اپنے دوستوں کو پہچان لیا ہو گا۔

پرنس پال: کسی حد تک (وزارت میں دماغ کی بہت کم ضرورت محسوس ہوا کرتی ہے)

صدر: پھر تم یہاں کس لئے آئے۔

پرنس پال: میں ؟۔۔۔ جب وزارت حاصل کرنے کی کوئی امید نہیں تو انقلاب پسند بننے کے علاوہ اور چارہ ہی کیا ہے۔

ویرا: اللہ! کیا وہ کبھی نہ آئے گا؟ وقت گزر چکا ہے۔ مگر وہ ابھی تک نہیں آیا۔

مچل: (علیحدہ ہو کر) صدر آپ کو معلوم ہے ہمیں کیا کرنا ہے؟ وہ ایک اناڑی شکاری ہو گا جو بھیڑیئے کو ہلاک کرنے کے بعد اس کے بچے کو انتقام لینے کے لئے زندہ رہنے دے۔ بتایئے اب اس چھوکرے کا کیا کیا جائے۔ فیصلہ آج ہی رات کو ہونا چاہئے۔ وہ کل تک عوام کو اصلاحات کا کھلونا دے کر رام کر لے گا۔ اور اس طرح ہماری جمہوری حکومت دھری کی دھری رہ جائے گی۔

پرنس پال: بالکل درست! اچھے بادشاہ ہمیشہ جمہوری حکومت کے دشمن ہوتے ہیں۔ اور جب اس نے میری جلاوطنی سے پہل شروع کی ہے تو آپ کو سمجھ لینا چاہئے وہ عوام کی نظروں میں ہمدرد بننا چاہتا ہے۔

مچل: مجھے ہمدرد بادشاہ ایک آنکھ نہیں بھاتے۔۔۔ روس کو اگر ضرورت ہے تو جمہوری حکومت کی۔

پرنس پال: حضرات! میں اپنے ساتھ دو کاغذات لایا ہوں۔ شاید وہ آپ کے لئے دلچسپ ہوں۔ ان میں سے ایک وہ اعلان ہے جو موجودہ زار صبح شائع کرنے والا ہے۔ دوسرا اس محل کا نقشہ ہے جس میں وہ آج رات سوئے گا (کاغذ دیتا ہے)

ویرا: (اپنے آپ سے) میں ان کی گفتگو میں حصہ لینے کی جرات نہیں کر سکتی۔ آہ! کاش الیکسز آ گیا ہوتا۔

صدر: پرنس! یہ بہت مفید اطلاعات ہیں۔ مچل! تم درست کہہ رہے تھے۔ فیصلہ آج ہی رات ہونا چاہئے۔۔۔ پڑھو تو انہیں؟

مچل: آہ! گرسنہ قوم کے لئے روٹی کا ایک پھینکا ہوا ٹکڑا، لوگوں کو دھوکہ دینے کے لئے جھوٹ! (کاغذ پھاڑ دیتا ہے) فیصلہ آج ہی رات ہو گا! مجھے اس پر اعتبار نہیں۔ اگر اسے عوام سے محبت ہوتی تو اس کا سر یہ تاج ہر گز قبول نہ کرتا۔ مگر بتایئے تو اس تک رسائی کیونکر ہو۔

پرنس پال: بازار والے خفیہ دروازے کی چابی! (چابی دے دیتا ہے)

صدر: ہم تمہارے ممنون احسان ہیں پرنس!

پرنس پال: (مسکرا کر) انقلاب پسند ہمیشہ مقروض و ممنون رہے ہیں۔

مچل: ہاں! مگر اب ہم قرض معہ سود ادا تو کر رہے ہیں۔ دو شہنشاہ ایک ہفتہ میں! اب ترازو کے پلڑے مساوی ہو جائیں گے۔ میں نے وزیر اعظم کو بھی تول دیا ہوتا۔ اگر تم ہم میں شامل نہ ہوتے۔

پرنس پال: آہ! آپ کے ایسا کہنے سے میری ملاقات کی رنگینیاں کافور ہوئی جا رہی ہیں۔ میں تو اپنے خیال میں سر ہتھیلی پر رکھ کر آیا تھا۔ مگر آپ فرما رہے ہیں کہ میرا سر محفوظ ہے۔۔۔ موجودہ صورت میں رومان کے خواب دیکھنا فضول ہیں!

مچل: سر کو تن سے جدا ہوتے دیکھنا کوئی رومان نہیں پرنس پال!

پرنس پال: مگر بعض اوقات اسے پاس رکھنا بھی گراں معلوم ہوتا ہے۔ کیا یہی چیز کبھی آپ کو محسوس نہیں ہوئی۔ (گھڑی کچھ بجاتی ہے)

ویرا: (کرسی پر گرتے ہوئے) آہ! وقت گذر چکا۔۔۔ وقت گزر چکا!!

مچل: (صدر سے) کل تک بہت دیر ہو جائے گی۔

صدر: بھائیو! مقررہ ساعت ختم ہو چکی۔ ہم میں سے کون غیر حاضر ہے؟

سازشی: الیکسنر! الیکسنر!!

صدر: مچل! ساتواں قانون پڑھو۔

مچل: ”جب کوئی بھائی اطلاع پہنچنے پر حاضر نہ ہو تو صدر دریافت کرے گا کہ آیا اس شخص کے خلاف کوئی الزام تو نہیں۔“

صدر: ہمارے بھائی الیکسز کے خلاف کوئی الزام؟

سازشی: وہ تاج پوش ہے۔

صدر: مچل! (مچل کو ایک سرخ جلد والی کتاب دیتے ہوئے) آئین انقلاب کی دفعہ سات دیکھو۔

مچل: ”ہر اس شخص کے لئے جو اپنے سر پر تاج پہنے۔ سزائے موت ہے!“

صدر: بھائیو! بتاؤ کیا الیکسز مجرم ہے یا نہیں؟

سب سازشی: مجرم ہے!

صدر: اس کی سزا؟

سب سازشی: موت!

صدر: قرعہ کے لئے پرچیاں تیار کراؤ۔۔۔ یہ فیصلہ آج ہی کی رات ہو گا۔

پرنس پال: یہ تو بہت دلچسپ ہے۔ میں تو سمجھا تھا کہ سازشیں بھی عدالت کی طرح بے جان ہوتی ہیں۔

پروفیسر مارفا: نشانہ لگانے کی نسبت مجھے پرچیاں لکھنے سے زیادہ انس ہے مگر۔۔۔ پھر بھی بادشاہ کے قاتل کو تاریخ میں نمایاں جگہ حاصل ہوا کرتی ہے۔

مچل: اگر تمہارا پستول تمہارے قلم ہی کی طرح بے ضرر ہے تو اس نوجوان ظالم کی عمر بہت لمبی ہو گی۔

پرنس پال: پروفیسر! آپ کو یہ بھی خیال رکھنا چاہیئے کہ اگر آپ گرفتار کر لئے

گئے (جو یقینی امر ہے) اور آپ کو پھانسی پر لٹکا دیا گیا (جس میں کوئی شک نہیں) تو آپ کے مقالے پڑھنے کے لئے کوئی شخص موجود نہ ہو گا۔

صدر: بھائیو! کیا سب تیار ہو؟

ویرا: (کھڑی ہو کر) ابھی نہیں! ابھی نہیں!! مجھے کچھ کہنا ہے۔

مچل: (ایک طرف ہو کر) طاعون ہو اس پر! مجھے پہلے ہی علم تھا کہ یہ نوبت ضرور آئے گی۔

ویرا: یہ لڑکا ہمارا بھائی رہا ہے! یہاں آنے کی خاطر ہر روز اپنی جان خطرے میں ڈالتا رہا۔۔۔ ہر روز جبکہ شہر کے گلی کوچے جاسوسوں سے بھرے پڑے تھے، کوئی گھر غدار سے خالی نہ تھا۔ آپ کو خیال کرنا چاہئے کہ شاہی گود میں پلے ہوئے بچے نے ہمارے ساتھ اتنے روز بسر کئے ہیں۔

صدر: ہاں! ایک غلط نام بتلا کر وہ شروع ہی سے ہمارے ساتھ جھوٹ بولتا رہا اور اب بھی بول رہا ہے۔

ویرا: میں حلفیہ کہتی ہوں وہ راست گو ہے۔ یہاں کون ایسا شخص موجود ہے جس کی زندگی اس کی شرمندہ احسان نہیں۔ جب رات شکاری کتے ہماری بو سونگھ رہے تھے تو ہمیں، گرفتاری، اذیت۔ ٹکٹکی اور موت کے منہ سے کس نے بچایا؟۔۔۔ اس نے جس کی ہلاکت کے منصوبے تم باندھ رہے ہو۔

مچل: ظالموں کو موت کے گھاٹ اتارنا ہمارا فرض ہے۔

ویرا: ظالم نہیں۔ میں اسے خوب جانتی ہوں۔ وہ عوام سے محبت کرتا ہے۔

صدر: ہم بھی اسے جانتے ہیں۔۔۔ وہ غدار ہے۔

ویرا: غدار! آج سے تین روز پہلے وہ تم سب کو دھوکہ دے سکتا تھا۔ اس وقت

پھانسی کا پھندہ تمہارا انجام ہوتا۔ مگر اس نے تم سب کو تمہاری زندگیاں واپس بخش دیں۔ تھوڑا عرصہ صبر کرو!۔۔ ایک ہفتہ۔۔۔ ایک مہینہ چند روز ابھی کوئی فیصلہ مرتب نہ کرو۔ آہ میرے خدا۔ ابھی نہیں؟

سازشی: (خنجر ہلاتے ہوئے) آج رات ہی! آج رات ہی!

ویرا: خاموش! آستیں کے سانپو! خاموش!!

مچل: کیا ہم غارت گر نہیں؟ کیا ہم اپنے حلف پر قائم نہ رہیں؟

ویرا: تمہارا حلف! تمہارا حلف!! ہوس کے غلامو! تم میں سے ہر ایک کا ہاتھ اپنے ہمسائے کی دولت پر بڑھ رہا ہے۔ ہر ایک دل غارت گری اور تباہ کاری پر تلا ہوا ہے۔ تم میں سے وہ کون ہے جس کے سر پر اگر تاج رکھ دیا جائے اور وہ اپنی سلطنت لوگوں کے قدموں پر پھینک دے۔ اہل روس ابھی جمہوری حکومت کے قابل نہیں۔

صدر: ہر ایک قوم جمہوری حکومت کی اہل ہے۔

مچل: یہ لڑکا ظالم ہے۔

ویرا: ظالم! کیا اس نے اپنے بدکردار مشیروں کو باہر نکال دیا؟ یہ۔۔۔ (پرنس پال کی طرف اشارہ کرتے ہوئے) اس کے باپ کے دربار کا منحوس کوا اپنے پر اور پنجے کترواکر اب انتقام کے لئے ہمارے پاس کائیں کائیں کرتا آتا ہے۔۔ آہ! رحم کرو!! اسے صرف ایک ہفتہ اور زندہ رہنے کی مہلت دو!!

صدر: ویرا اور بادشاہ کی سفارش کرے؟

ویرا: (فخر سے) میں بادشاہ کے لئے نہیں بلکہ ایک بھائی کے لئے التجا کر رہی ہوں۔

مچل: اپنے حلف سے پھر جانے والے غدار کے لئے، ایک بزدل کے لئے جسے چاہیے تھا کہ وہ تاج شاہی ٹھکرا دیتا۔ نہیں! ویرا نہیں! مردوں میں بھی شجاعت مردہ نہیں ہوئی

اور نہ اس بد نماز مین نے بہادر بچے پیدا کرنے بند کر دیئے ہیں، روس میں کوئی تاج پوش کتا اپنی زندگی سے خدائی فضا کو مکدر نہ کرے گا۔

صدر: تم نے ایک دفعہ ہمیں امتحان کے لئے کہا تھا۔ مگر اب تم اس امتحان میں پوری نہیں اتریں۔

مچل: ویرا! میں اندھا نہیں۔ مجھے تمہارا راز معلوم ہے۔ تمہیں اس لڑکے سے محبت ہے۔۔۔ اس خوبصورت چہرہ۔ گھنگھریالے بال اور نازک ہاتھوں والے نوجوان شہزادہ سے۔ بیوقوف! دروغ گو کی شکار! کیا تجھے معلوم ہے وہ تجھ سے کیا سلوک کرتا۔ وہی جس کی نسبت تو سمجھ رہی ہے کہ وہ تجھ سے محبت کرتا ہے وہ تجھے اپنی ملکہ بنالیتا، اپنی خواہش کے مطابق تیرے جسم سے خط اٹھالیتا، مگر جب اس کا جی تجھ سے اکتا جاتا تو تجھے پرے پھینک دیتا۔۔۔ تجھے۔۔۔ آزادی کی پجارن آتش انقلاب مشعل حریت۔ تجھے!

ویرا: میرے ساتھ وہ کچھ سلوک کرتا، مجھے اس کی کوئی پرواہ نہیں۔ مگر کم از کم عوام کے لئے وہ ضرور صدق دل ثابت ہو گا۔۔۔ وہ ان سے محبت کرتا ہے۔۔۔ کم از کم آزادی کا پرستار ضرور ہے۔

صدر: تو آزادی کا یہ ستار اس وقت سر پر تاج رکھے گا، جب ہم فاقوں مر رہے ہوں گے؟ اپنی شیریں زبان سے پر چائے گا، باپ کی طرح وعدہ وعید سے دھوکہ دے گا؟ جھوٹ بولے گا، جیسے اس کے آباواجداد بولتے رہے؟

مچل: اور تم جس کے نام نے ہر ایک بادشاہ کو عمر بھر لرزاں رکھا۔ تم ویرا۔ تم آزادی سے ایک محبت کرنے والے کی خاطر نا آشنا ہو جاؤ گی۔ ایک نکمے عاشق کے لئے عوام کو چھوڑ دو گی؟؟

ساز شی: غدار!۔۔۔ قرعہ اندازی ہو قرعہ اندازی!

ویرا: مچل! تم غلط کہہ رہے ہو۔ میں اس سے محبت نہیں کرتی۔ وہ مجھ سے محبت نہیں کرتا۔

مچل: تو اس سے محبت نہیں کرتی تو پھر کیا اسے موت کے گھاٹ نہیں اتارنا چاہئے؟

ویرا: (مٹھیاں بھینچتے ہوئے کچھ کوشش سے) ہاں! یہ درست ہے۔ اسے ضرور مرنا چاہئے۔ وہ حلف توڑنے کا مرتکب ہوا ہے۔ یورپ میں کوئی تاج پوش انسان نہ رہے گا۔ کیا میں اس کی قسم نہیں لے چکی؟ ہماری نئی جمہوری کو مضبوط بننے کے لئے بادشاہوں کے خون کی ضرورت ہے۔ وہ اپنا عہد توڑ چکا ہے۔ اسے باپ ہی کی موت مرنا چاہئے۔ مگر آج رات نہیں! روس جو صدیوں تکالیف سہتا رہا آزادی کے لئے ایک اور انتظار کر سکتا ہے۔ اسے صرف ایک ہفتہ کی مہلت دو۔

صدر: ہم تمہاری بات سننے کو تیار نہیں۔ جاؤ۔ اس لڑکے کے پاس چلی جاؤ جس سے تم محبت کر رہی ہو۔

مچل: وہ مجھے تمہاری آغوش ہی میں کیوں نہ ملے مگر میں اس کے قتل کرنے سے پھر بھی باز نہ رہوں گا۔

سازشی: آج رات! آج ہی رات!!

مچل: (ہاتھ اٹھا کر) ٹھہریئے! مجھے کچھ کہنا ہے (ویرا کے پاس جا کر بہت آہستہ گفتگو کرتا ہے) ویرا کیا تم اپنے بھائی کو بھول گئی ہو؟ (اس کا اثر دیکھنے کے لئے کچھ دیر ٹھہرتا ہے۔ ویرا چونک پڑتی ہے) کیا تم وہ فاقہ زدہ چہرہ، پے درپے اذیتوں سے مڑے ہوئے نازک اعضاء طوق و سلاسل جن میں وہ ان دنوں جکڑا ہوا ہے۔ بھول گئی ہو؟۔۔۔ انہوں نے کبھی اسے آزادی کی فضا میں سانس لینے دیا؟ ایک روز بھی اس کے ساتھ نرمی سے پیش آئے؟ (ویرا کرسی پر گر پڑتی ہے) آہ! وہ وقت بھی تھا جب تو آزادی اور انتقام کے

متعلق پورے جوش کا اظہار کیا کرتی تھی۔ جب تو نے ماسکو آنے کا ارادہ کیا تو تیرے باپ نے اپنی تنہائی اور بے بسی کا واسطہ دے کر تجھے وہاں جانے سے روکا۔ اس کی دل خراش چیخ اب بھی میرے کانوں میں گونج رہی ہے۔ مگر کسی ٹھوس چٹان کی طرح تجھ پر اس آب و ہوا کا کوئی اثر نہ ہوا۔ تو اپنے باپ سے اسی رات جدا ہوگئی۔ اور وہ تیری جدائی کی تاب نہ لا کر تین ہفتہ بعد گھل گھل کر مر گیا۔ تو نے مجھے ماسکو آنے کے لئے کہا۔ میں آگیا۔ اس لئے کہ میں تیری محبت میں گرفتار تھا۔ مگر تو نے جلد ہی مجھے اس سے آزاد کر دیا۔ انسانیت، احساسات، رحم، غرض جو بھی نازک جذبات میرے دل میں موجود تھے۔ فصلوں کو چاٹنے والے کیڑے کی طرح فنا کر دیئے۔ غارت گر طاعون کی طرح تباہ کر دیئے۔ میرے سینے سے محبت کو اس طرح نکال کر تو نے میرے ہاتھوں کو لوہے اور دل کو پتھر سے آشنا کرایا۔ آزادی اور انتقام کی تعلیم دی۔۔۔ میں نے یہ سب کچھ کیا مگر تم۔۔۔ ہاں بتاؤ تم نے کیا کیا؟

ویرا: قرعہ اندازی ہو (سازشی نعرہ ہائے تحسین بلند کرتے ہیں)

پرنس پال: (اپنے آپ سے) گرانڈ ڈیوک کی تخت نشینی میں اب کوئی شک و شبہ نہیں۔ میری زیر ہدایت وہ اچھا بادشاہ بن سکتا ہے۔

مچل: ویرا! اب تو ہوش میں ہو؟

ویرا: (درمیان میں کھڑی ہو کر) قرعہ اندازی! کہہ رہی ہوں قرعہ اندازی۔ اب مجھ میں عورت کا دل نہیں۔ لہو کے ہر قطرہ میں جذبہ انتقام جاگ رہا ہے۔ دل فولاد کی مانند سرد ہے۔ ہاتھ پہلے سے کچھ زیادہ خطرناک ہیں۔ صحراؤں اور زندہ قبرستانوں سے اسیر بھائیوں کی صدا مجھے آزادی کے لئے آخری ضرب کا پیغام دے رہی ہے۔۔۔ قرعہ اندازی ہو! ابھی قرعہ اندازی ہو!!

صدر: سب تیار ہو؟ مچل بادشاہ کا قاتل ہونے کی حیثیت سے پہلا کاغذ تمہیں کو اٹھانا چاہئے۔

ویرا: مجھے دو! مجھے دو!! (سب سازشی ایک انسانی کھوپڑی کے بنے ہوئے پیالے سے کاغذ اٹھاتے ہیں)

صدر: اپنا اپنا کاغذ کھول دو۔

ویرا: (کاغذ کھولتے ہوئے) قرعہ میرے نام ہے۔ خونیں نشان اسی کاغذ پر ثبت ہے۔ متری میرے بھائی تمہارا انتقام اب لیا جائے گا!

صدر: بادشاہ کا قتل اب تمہارے سپرد ہے۔۔۔ بولو خنجر یا زہر (خنجر اور زہر کی شیشی پیش کرتا ہے)

ویرا: میرے ہاتھ خنجر کے لئے زیادہ موزوں ہیں۔۔۔ یہ کبھی دھوکہ نہیں دیتے (خنجر پکڑ لیتی ہے) یہ خنجر اس کے دل میں گھونپ دوں گی۔ اس لئے کہ اس نے میرا دل زخمی کیا۔ غدار! جو ایک رو پہلی چیتھڑے، بھڑکیلی پوشاک اور نکمی چیز کے لئے ہمیں دھوکہ دے گیا! مچل درست کہتا ہے وہ مجھ سے محبت کرتا ہے اور نہ عوام سے۔ اگر میرے بطن سے ایسا لڑکا پیدا ہوتا تو میں اپنی چھاتیوں کو مسموم کر دیتی کہ وہ غدار اور بادشاہ نہ بننے پائے۔ (پرنس پال صدر سے سرگوشی میں بات کرتا ہے)

پرنس پال: یہ سب سے بہترین طریق ہے۔ ویرا زار آج رات اپنے کمرے میں سوئے گا۔ جو محل کے مشرقی حصہ میں واقع ہے۔ یہ لو بازار والے خفیہ دروازے کی چابی۔ محافظوں کی صورت خاص تمہیں بتلا دی جائے گی۔ اس کے خاص ملازموں کو زہر پلا دیں گے بس! تمہارے لئے میدان صاف ہو گا۔

ویرا: خوب! میر اوار خطانہ جائے گا۔

صدر: شاہی محل کے باہر ہم تمہارا انتظار کریں گے۔ جونہی گرجا گھڑی بارہ بجائے ہمیں معلوم ہو جانا چاہئے کہ وہ کتا مر چکا ہے۔

ویرا: آپ لوگوں کو کس طرح معلوم ہو۔

صدر: خون آلود خنجر کھڑکی سے باہر پھینک دینا۔

مچل: غدار کے خون میں شرابور!

صدر: اگر ہمیں یہ نشان نہ ملا تو ہم سمجھ لیں گے کہ تم گرفتار کر لی گئی ہو۔ تب ہم دروازہ توڑ کر اندر داخل ہو جائیں گے اور تمہیں محافظوں کی گرفت سے چھڑا لائیں گے۔

مچل: اور اسے وہیں قتل کر دیں گے۔

صدر: مچل! کیا تم ہماری رہنمائی کرو گے؟

مچل: کیوں نہیں! ویرا دیکھنا کہیں ہاتھ نہ لرز جائے!

ویرا: بیوقوف اپنے دشمن کو ہلاک کرنا بھی کوئی مشکل بات ہے؟

پرنس پال: (ایک طرف ہو کر) یہ نویں سازش ہے جس میں شریک ہو رہا ہوں ان میں عام طور پر سازشیوں کو سائبیریا اور مجھے کوئی نیا اعزاز ملتا رہا۔

مچل: یہ تمہاری آخری سازش ہو گی۔

صدر: تو پھر ہم بارہ بجے خونی جنجر کے منتظر ہوں گے!

ویرا: ہاں! کاذب کے خون میں رنگا ہوا۔۔۔ میں اپنے وعدہ کو نہ بھولوں گی

(سٹیج کے درمیان کھڑی ہو کر) اپنی فطرت کی ہلاکت حسن و عشق سے بیگانگی اور ازدواجی زندگی سے پرہیز، رحم و عفو سے ناآشنائی یہی حلف ہے۔۔۔ اسی حلف پر عمل ہو گا۔ معلوم ہوتا ہے آج میرے جسم میں کسی خوفناک قاتلہ کی روح حلول کر گئی ہے۔ میں لوح دنیا پر اپنا نام کھود کر دنیا کی بہادر عورتوں کی فہرست میں داخل ہو جاؤں گی۔ ہاں جذبہ

انتقام میری رگ رگ میں کروٹیں لے رہا ہے۔ جس نے عورت کے نازک ہاتھوں کو قوی بنا دیا ہے۔ خواہ تبسم اس کے ہونٹوں پر کھیل رہا ہو میرا ہاتھ ہر گز نہ کانپے گا۔ خواہ وہ محو خواب ہی کیوں نہ ہو میرا وار خطا نہ جائے گا۔ میرے بھائی زندان کی چار دیواری میں خوشی کے قہقہے بلند کرو کہ آج رات یہ نیا نویلا زار رنگے ہوئے جسم سے دوزخ میں داخل ہو کر اپنے باپ سے ہمکنار ہو جائے گا۔ ہاں یہ زار غدار، کاذب، پیمان وفا سے منحرف، مجھ سے دھوکہ کرنے والا۔ انسان، سر پر تاج رکھنے والا محب وطن روپہلی سکوں کی خاطر ہمیں بیچ دینے والا مکار ساتھی (اور جوش میں آکر) تیرا الباس ان شخصوں کے خون سے رنگا ہے، جو تیرا گیت گاتے ہوئے اس جہان سے رخصت ہو گئے۔ عوام کی شکستہ قبریں تیرا تخت۔ کانٹوں سے بنا ہوا تاج تیرے سر کی زینت ہے۔ مادر مصلوب! تیرے داہنے ہاتھ میں ظالم اور بائیں ہاتھ میں قاہر نے کیل ٹھونک رکھے ہیں۔ تیرے پاؤں آہنی ہتھوڑوں سے کچلے جا رہے ہیں۔ جب تو نے پیاس بجھانے کے لئے پادریوں سے پانی طلب کیا تو تجھے زہر آلودہ پیالہ پیش کیا گیا۔ تیرے پہلو میں تلوار گھونپ دی گئی۔ وہ تیرے غیر ختم، غم پر قہقہہ لگاتے رہے۔ اب اے آزادی! میں تیری قربان گاہ اپنے آپ کو خدمت کے لئے پیش کر رہی ہوں (خنجر لہراتے ہوئے) اب وقت قریب ہے، تیرے مقدس زخموں کی قسم! روس ضرور آزاد ہو گا۔

(پردہ گرتا ہے)

چوتھا ایکٹ

منظر: زار کا خاص کمرہ۔ پشت پر ایک بڑی کھڑکی جس پر پردے لٹک رہے ہیں۔

حاضرین: پرنس پیٹر ووخ، بیرن راف، مارکوئس ڈی پاؤف رارڈ، کاؤنٹ رووالوف

پرنس پیٹر ووخ: نوجوان زار کی ابتدا خوب معلوم ہوتی ہے۔

بیرن راف: (شانے ہلا کر) تمام جوان زاروں کی اسی طرح ابتداء ہوا کرتی ہے۔

کاؤنٹ روووالوف: اور انجام بدتر!

مارکوئس ڈی۔ پی: مجھے کوئی شکایت نہیں اس نے مجھ پر بہت بڑا احسان کیا ہے۔

پیٹر ووخ: شاید آپ کو آرک اینگل نہیں بھیجا جارہا۔

مارکوئس: جی ہاں! میری زندگی ایک لمحہ کے لئے بھی محفوظ نہ ہوتی۔

(جنرل کوطمکن داخل ہوتا ہے)

بیرن راف: جنرل ہمارے رومان پسند شہنشاہ کے متعلق کوئی خبر؟

جنرل کوطمکن: لاریب وہ رومان پسند ہے۔ سات روز پہلے میں نے اسے ایکٹروں کی جماعت میں مصروف تماشا دیکھا اور آج اس فکر میں ہے کہ سائبیریا کے تمام قیدی جنہیں وہ سیاسی قیدی تصور کئے ہوئے ہے رہا کر دیئے جائیں۔

پیٹر ووخ: سیاسی قیدی؟ ان میں سے نصف تو قاتلوں سے کچھ کم نہیں۔

کاؤنٹ رووالوف: مگر ان کی رومان پسندی حد سے تجاوز کر گئی ہے۔ کل مجھ سے کہنے

لگے کہ نمک کی اجارہ داری ترک کر دینی چاہیئے۔ کیونکہ عوام کے لئے سستا نمک مہیا کرنا ہمارا فرض ہے۔

مارکوئس ڈی۔پی: یہ کچھ بھی نہیں۔ آپ نے تو شاہی دعوتیں اس لئے ترک کر دی ہیں کہ جنوبی صوبہ جات قحط کے شکار ہو رہے ہیں۔

(زار چپکے سے داخل ہوتا ہے اور ان کی گفتگو سنتا ہے)

پیٹرووخ: عوام میں جس قدر زیادہ افلاس ہو گا اسی قدر بہتر ہے۔ افلاس نفس کشی کے لئے بہترین سبق خیال کیا گیا ہے۔

بیرن راف مجھے علم ہے۔

جنرل کو طمکن: ان دنوں وہ پارلیمنٹ بنانے کی فکر میں ہے جس میں عوام کے مندوبین شامل ہوا کریں گے۔

بیرن راف: گویا اس سے قبل بازاروں میں کافی شور نہ تھا۔ خیر ہم ان لوگوں کو ایک علیحدہ کمرہ دیں گے۔ حضرات! مگر ابھی اس سے بد حالات کا امکان ہے۔ وہ دولت عامہ کے شعبے میں مکمل تبدیلی کا خواہاں ہے۔ اس کے خیال میں عوام پر محاصل کا ناقابل برداشت بوجھ ہے۔

مارکوئس ڈی۔پی: وہ ایسا نہیں کر سکتا۔ آخر عوام ہیں کس لئے۔ اگر ان سے روپیہ نہ حاصل کیا جائے؟ ٹیکسوں کے ذکر سے مجھے دفعتاً خیال آگیا کہ میری بیوی ہیرے کا نیا کنگن خریدنا چاہتی ہے۔ اس لئے کیا ہی اچھا ہو اگر آپ چالیس ہزار روبل کا کل تک بندوبست کر دیں۔

کاؤنٹ روولاف: (بیرن راف کے کان میں) اسی قسم کا کنگن جو پچھلے ہفتے پرنس پال نے اسے دیا تھا۔

پرنس پیٹرووخ: مجھے بھی ساٹھ ہزار روبل کی اشد ضرورت ہے۔ میرا لڑکا آج کل بہت مقروض ہے۔

بیرن راف: باپ کے نقش قدم پر چلنے والا بیٹا!

جنرل کوطمکن: آپ کو تو روپیہ ملتا ہی رہتا ہے۔ مگر مجھے مقررہ رقم سے ایک کوڑی زیادہ نہیں ملتی۔ کس قدر مصیبت ہے! میرے بھتیجے کی عنقریب شادی ہونے والی ہے اور مجھے شادی کے جملہ اخراجات کا انتظام کرنا ہے

پرنس پیٹرووخ: تمہارا لڑکا تو مکمل ترک ہے۔

جنرل کوطمکن: خیر کچھ ہو شادی کے اخراجات ضرور بہم پہنچنے چاہئیں۔

کاؤنٹ روولاف: میں شہری زندگی سے تنگ آگیا ہوں اور اب خیال ہے کہ گاؤں میں کوئی مکان مل جائے۔

مارکوئس۔ ڈی۔ پی: میں دیہاتی زندگی سے اکتا گیا ہوں۔ چاہتا ہوں کہ شہر کی سکونت اختیار کی جائے۔

بیرن راف: حضرات! ایسے خیالات بالکل مہمل ہیں۔

پرنس پیٹرووخ: مگر میرے بیٹے کا قرض؟

جنرل کوطمکن: میرے بھتیجے کی شادی؟

مارکوئس ڈی۔ پی: شہر میں رہائش کا ارادہ؟

کاؤنٹ روولاف: دیہات میں مکان تعمیر کرنے کی تجویز؟

بیرن راف: حضرات! ناممکن۔ روس سے وہ زمانہ گزر گیا۔ اس عہد کا تابوت آج اٹھنے والا ہے۔

کاؤنٹ روولاف: تو پھر مجھے روز قیامت کا انتظار کرنا چاہئے۔

پرنس پیٹر ووخ: خراب بتایئے کیا تدبیر عمل میں لائی جائے۔

بیرن راف: روس میں جب کبھی زار کے سر پر اصلاحات کا بھوت سوار ہوا تو ہم نے کیا کیا؟۔۔۔ کچھ بھی نہیں۔ آپ کو معلوم نہیں ہم بساط سلطنت کے سیاسی مہرے ہیں۔ خرد مند انسان عملی کاموں سے کوئی سرو کار نہیں رکھا کرتے۔ روس میں اصلاحات المناک صورت لئے اٹھا کرتی ہیں۔ مگر نتیجہ ہمیشہ مضحکہ خیز ہوتا ہے۔

کاؤنٹ روولاف: کاش پرنس پال یہاں ہوتے! میرے خیال میں یہ لڑکا بہت ناشکر گزار ہے۔ اگر وہ چالاک وزیر بغیر اس کی رضا مندی کے اس کی تخت نشینی کا اعلان نہ کرتا۔ تو مجھے یقین ہے۔ اس نے اپنا تاج کسی کفش دوز کے سر پر رکھ دیا ہوتا۔

پرنس پیٹر ووخ: بیرن! کیا پرنس پال واقعی جلاوطن کر دیا گیا؟

بیرن راف: واقعی؟

پرنس پیٹر ووخ: مگر اس نے شہر چھوڑ دیا کیا؟

بیرن راف: میرا خیال ہے۔ باتوں باتوں میں اس نے ذکر کیا تھا کہ وہ پیرس جا رہا ہے۔

کاؤنٹ روولاف: تو پھر وہ رخصت ہو گیا نا!

زار: (سامنے آکر) پرنس پال پیرس کیا کئی شہروں کی خاک چھانے گا۔

بیرن راف: شیطان!

زار: شیطان نہیں یہ خود زار ہے۔ غدارو! دنیا میں کوئی بادشاہ ظالم نہ ہوتا اگر تم ایسے غداروں کا وجود صفحہ ہستی سے نابود ہوتا۔ سلطنتیں تم ایسی ٹھوس چٹانوں سے ٹکرا کر تباہ ہو جایا کرتی ہیں۔ ہماری مادر وطن روس کو اس قسم کے غیر فطری انسانوں کی ضرورت نہیں۔ اب تم اپنے کیئے کی تلافی نہیں کر سکتے۔ وقت گزر چکا ہے۔ قبریں تمہارے ہاتھوں مرے

ہوئے انسانوں کو اگل نہیں سکتیں۔ نہ پھانسی تمہارے ہلاک کردہ شہیدوں کو دوبارہ زندہ کر سکتی ہے۔ میری لعنت یہی ہو گی کہ تم زندہ رہو۔ لیکن اگر تم میں سے کوئی شخص ماسکو دیکھا گیا تو یاد رکھو سر تن سے جدا کر دیا جائے گا۔

بیرن راف: جہاں پناہ اس وقت اپنے باپ کی روایات کو زندہ کر رہے ہیں۔

زار: میں نے تمہیں جلا وطن کر دیا ہے، تمہاری جائدادیں عوام کے حق میں ضبط کر لی ہیں۔ جاؤ! اپنے اعزاز کو ساتھ لئے پھرو۔ بیرن! کیوں روس میں اصلاحات کا انجام ہمیشہ مضحکہ خیز ہوا کرتا ہے نا؟ پرنس پیٹرووخ! تمہیں نفس کشی کے لئے ایک عمدہ موقع مل جائے گا۔ اور بیرن کیا کہہ رہے تھے کہ پارلیمنٹ محض گفتار کا مرکز ہو گی۔۔۔ خیر! ہر اجلاس کی روئداد تم تک پہنچتی رہے گی۔

بیرن راف: جہاں پناہ! یہ جلا وطنی کی تکلیف کو اور بھی بڑھا دے گی۔

زار: ان اوراق کے مطالعہ کے لئے تمہارے پاس کافی وقت ہو گا۔ کیا بھول گئے تم چالاک سیاست دان ہو اور خردمند انسان عملی کاموں سے سروکار نہیں رکھا کرتے۔

پرنس پیٹرووخ: جہاں پناہ! یہ سب کچھ مذاق تھا۔

زار: تو میں انہی بھونڈے مذاقوں کے لئے تمہیں جلا وطن کرتا ہوں۔ جاؤ راستہ پکڑو! اگر تمہیں زندگی درکار ہے تو پہلی گاڑی سے ہی پیرس روانہ ہو جاؤ (وہ کمرے سے چلے جاتے ہیں) شکر ہے روس ان لوگوں کے دام فریب سے آزاد ہوا۔ ان گیدڑوں سے جو شیروں کی صورت اختیار کئے ہوئے ہیں۔ ان میں شجاعت نام تک کو بھی نہیں۔ مگر پیش نظر عوام کی تباہی و بربادی ہے۔ اگر روس پرنس پال اور ایسے اشخاص کے وجود سے پاک ہوتا تو میرا باپ ایک اچھا بادشاہ ہوتا اور اس طرح موت کے گھاٹ نہ اتارا جاتا آہ! یہ کس قدر حیرت افزا بات ہے کہ انسانی زندگی کا سب سے بڑا پہلو محض خواب ہوتا ہے۔

کونسل کا اجلاس عوام کی تباہی کے لئے مارشل لا، گرفتاری، صحن میں چیخ، گولی کا نشانہ میرے خون آلودہاتھ اور پھر تاج وتخت بعض اوقات انسان زندگی کی حقیقی روح کے بغیر برسوں زندہ رہتا ہے۔ مگر دفعتاً زندگی کی تمام قوتیں بیدار ہو جاتی ہیں۔ میں ابھی سوچنے بھی نہ پایا تھا۔ میرے باپ کی دل خراش چیخیں ابھی میرے کانوں ہی میں تھیں کہ میں نے سر پر تاج اور بدن پر شاہی لباس محسوس کیا اور لوگوں کو اپنے تئیں بادشاہ کہتے پایا۔ اس وقت میں ان سب کو ٹھکرا سکتا تھا۔ وہ سب میرے لئے مہمل اور بیہودہ تھیں۔ مگر اب کیا میں انہیں چھوڑ سکتا ہوں؟۔۔۔ آیئے کرنل آیئے (محافظ کرنل داخل ہوتا ہے)

کرنل: جہاں پناہ! آج رات کیا صوت خاص مقرر فرماتے ہیں؟

زار: صوت خاص؟

کرنل: شاہی محلات کا پہرہ دینے والے محافظ سپاہیوں کے لئے جہاں پناہ!

زار: جاؤ! انہیں رخصت کر دو۔ مجھے ان کی کوئی ضرورت نہیں (کرنل چلا جاتا ہے)

(زار میز پر پڑے ہوئے تاج کی طرف جاتا ہے)

اس نمائشی کھلونے میں ایسی کون سی قوت موجود ہے جو اس کے پہننے والے کو مافوق البشر بنا دیتی ہے؟ ہاتھوں سے دلکش سلطنت کی باگ ڈور تھامنا، بازوؤں کو زمین کی انتہائی وسعتوں تک پھیلانا بے پایاں سمندر کو مسخر کرنا یہ ہے تاج پوشی۔ یہ ہے تاج کا پہننا، روس کا حقیر ترین غلام جو عوام سے خراج الفت وصول کرے مجھ ایسے تاج پوش سے بدر جہا بہتر ہے۔ تسخیر محبت کی ایک ادنیٰ مثال! اس زریں دنیا کی وسیع سلطنت محبت کے سامنے کچھ ہستی نہیں رکھتی آہ! اس محل میں مقید جاسوسوں کے نرغے میں مجھے ویرا کی کوئی خبر نہیں۔ آج سے تین روز پہلے اس خوفناک حادثہ کے بعد جب میں نے اپنے تئیں اس وسیع خرابہ کا مالک پایا میں اس کی شکل تک نہیں دیکھ سکا آہ! اگر اسے ایک لمحہ کے لئے

دیکھ سکوں تو اسے اپنی زندگی کا وہ پوشیدہ راز بتاؤں جس نے مجھے باوجود اس عہد کے کہ میں تاج پوشوں کے خلاف ایک طویل جنگ جاری رکھوں گا۔ جس نے مجھے یہ تاج قبول کرنے پر آمادہ کیا۔ آج رات وہاں اجلاس ہونے والا تھا جس کی اطلاع مجھے بھی کسی نامعلوم طریق سے کر دی گئی تھی۔ مگر میں کیونکر جاتا؟۔۔۔ میں جو پیمان وفا سے منحرف ہوا۔

(خادم آتا ہے)

خادم: (چھوٹی عمر کا لڑکا) جہاں پناہ گیارہ بج چکے ہیں کیا آپ کی خواب گاہ میں پہلا پہرہ میرا ہوگا۔

زار: خواب گاہ پر پہرہ کی ضرورت؟ ستارے میرے محافظ ہیں لڑکے۔

خادم: جہاں پناہ کے مرحوم باپ کا حکم تھا کہ سوتے وقت ان کی حفاظت کی جائے۔

زار: میرا باپ کا بوس کا شکار تھا۔ جاؤ! آرام کرو۔ نصف شب گزر چکی ہے۔ شب بیداری تمہارے سرخ رخساروں کو زرد کر دے گی!(خادم زار کے ہاتھ پر بوسہ دینا چاہتا ہے) نہیں! نہیں ہمارے ایام طفولیت ایک ہی بازیگاہ میں بسر ہوئے ہیں دوست!۔۔۔ آہ! ایک ہی فضا میں سانس لینا مگر اس سے دور۔ شمع حیات گل ہوا چاہتی ہے۔ افق ایام سے سورج غروب ہو چکا ہے۔

خادم: جہاں پناہ۔۔۔ الیکسز۔۔۔ مجھے آج رات یہیں ٹھہرنے دیں۔ میں سمجھتا ہوں آپ کی جان خطرے میں ہے۔

زار: خطرہ کیسا! جب میں نے اپنے دشمنوں کو روس سے باہر نکال دیا ہے؟۔۔۔ اپنی قسم آج بہت سردی ہے۔ ذرا انگیٹھی قریب لے آؤ۔ میں تھوڑی تاپوں گا۔۔۔ اب جاؤ! مجھے آج رات بہت کچھ سوچنا ہے (سٹیج کے ایک طرف جاتا ہے اور پردہ اٹھا کر چاندنی رات میں ماسکو کا نظارہ کرتا ہے) سر شام کی برفباری میں ملبوس اور مہتاب کی زرد شعاعوں

میں ملفوف، میرا شہر کس قدر سرد اور سفید دکھائی دے رہا ہے۔ مگر یخ بستہ روس کی کہر اور برف باری کے پہلو میں کیسے آتشیں دل پنہاں ہیں! آہ! اگر وہ مجھے ایک لمحہ کے لئے مل جائے تو اسے بتا دوں کہ میں نے یہ تاج و تخت کیوں قبول کیا؟ کہیں وہ مجھ سے بد گمان تو نہیں؟۔۔۔ نہیں وہ کہہ رہی تھی کہ اسے مجھ پر اعتماد ہے۔ گو میں اپنے پیمان وفا کو توڑ چکا ہوں۔ تاہم وہ مجھے غدار خیال نہیں کر سکتی آج سخت سردی ہے۔ لاؤ میر افرغل کہاں ہے تھوڑی دیر آرام کر لوں۔ پھر ویرا کی تلاش میں جاؤں گا۔ خواہ مجھے جان ہی سے ہاتھ کیوں نہ دھونے پڑیں۔۔۔ لڑکے کیا میں تمہیں رخصت ہونے کو نہیں کہہ چکا؟ یا پھر میں ابھی سے اپنے اختیارات کام میں لاؤں جن سے مجھے سخت نفرت ہے؟ جاؤ جاؤ!۔۔۔ میں اسے دیکھے بغیر زندہ نہیں رہ سکتا۔ ایک گھنٹے تک گاڑی تیار ہو گی۔ یعنی ہجر و وصال کے درمیان صرف ایک ساعت!۔۔۔ کوئلے جلنے کی کس قدر بو آ رہی ہے!! (خادم چلا جاتا ہے اور زار انگیٹھی کے قریب ایک صوفے پر لیٹ جاتا ہے)

(ویرا ایک سیاہ لباس میں ملبوس کمرے میں داخل ہوتی ہے)

ویرا: محو خواب!۔۔۔ خدا کارساز ہے۔ اب میرے ہاتھوں اسے کون بچا سکتا ہے۔ اس جمہوریت پسند انسان کو جس نے بادشاہی قبول کر لی۔ عوام کے دلدادہ کو جس نے سر پر تاج رکھ لیا۔ غدار کو جس نے ہمارے ساتھ اس طرح دغا کی؟ مچل درست کہتا تھا۔ اسے نہ عوام سے محبت ہے نہ مجھ سے (زار پر جھکتی ہے) آہ ان شیریں لبوں میں اس قسم کا زہر ہلا ہل کیوں ہے؟۔۔۔ کیا بال کم سنہری تھے جو طلائی تاج کی ضرورت محسوس ہوئی؟۔۔۔ خیر! اب وقت انتقام ہے عوام کی آزادی کی ساعت آن پہنچی ہے۔ میرے بھائی تیرا بدلہ لینے میں اب کچھ دیر باقی نہیں۔ گو میں اپنی فطرت کو ہلاک کر چکی ہوں۔ مگر مجھے معلوم نہ تھا کہ ہلاک کرنا اس قدر سہل ہے۔ ایک ضرب۔۔۔ اور بس خاتمہ! اس

کے بعد میں نہایت اطمینان سے اپنے رنگے ہوئے ہاتھ دھو سکتی ہوں۔ (وار کے لئے خنجر اٹھاتی ہے)

زار: (خواب سے بیدار ہو کر ویرا کے دونوں ہاتھ پکڑ لیتا ہے) ویرا تو یہاں ؟ میرا خواب بے بنیاد نہ تھا۔۔۔ مگر بتا تو سہی تین روز کے لئے مجھے تنہا کیوں چھوڑ گئی تھی؟ آہ! تجھے خیال ہے، میں غدار کاذب اور سلطنت کا مالک ہوں۔۔۔ یہ سب کچھ ہوں مگر تیری محبت کے لئے !ویرا! یہ صرف تیرے لئے تھا کہ میں نے پیمان وفا توڑ کر باپ کا تاج قبول کر لیا۔ یہ روس جس سے ہم دونوں محبت کر چکے ہیں تیرے قدموں پر رکھ دوں گا۔ زمین کے اس خطے کو تیرا پا انداز بنا دوں گا۔ یہ تاج تیرے سر کی زینت ہو گا۔ عوام ہمیں پیار کی نظروں سے دیکھیں گے ہم بھی ان پر محبت سے ہی حکومت کریں گے۔۔۔ محبت جو باپ کو بچوں سے ہوا کرتی ہے روس میں ہر شخص کو آزادی خیال اور آزادی گفتار حاصل ہو گی۔ میں نے ان بھیڑیوں کا خاتمہ کر دیا ہے۔ جو ایک عرصے سے ہمیں گھیرے ہوئے تھے۔ سائبیریا سے تیرے بھائی کو واپس بلا لیا ہے۔ اس کے علاوہ تمام غاروں اور قید خانوں کے سیاہ جبڑوں کو کھول دیا ہے۔ شاہی ہر کارہ ابھی راستے میں ہی ہو گا۔ ایک ہفتہ سے کم عرصہ تک تیرا بھائی اور اس کے ہمراہی قیدی اپنے اپنے گھر پہنچ جائیں گے۔ لوگ آزاد ہوں گے۔۔۔ اور اب بھی آزاد ہیں۔ میں اور تم اس عظیم سلطنت کے بادشاہ اور ملکہ اپنے دلوں میں عوام کی محبت لئے ان میں کھلے بندوں پھریں گے۔ جب انہوں نے مجھے یہ تاج پیش کیا تو میں نے اسے ٹھکرایا ہوتا اگر مجھے تیری محبت کا خیال نہ ہوتا۔۔۔ ویرا تیری محبت !روس میں لوگوں کا رواج ہے کہ وہ اپنے محبوبوں کی خدمت میں تحائف پیش کرتے ہیں۔ میں نے بھی خیال کیا کہ اپنی حسینہ کی خدمت میں ایک وسیع مملکت ایک دنیا کا حقیر تحفہ پیش کروں۔ ویرا! یہ تیرے لئے۔۔۔ صرف تیرے لئے تھا کہ میں نے یہ تاج پہننا

قبول کیا۔ بادشاہ بھی بنا تو صرف تیرے لئے۔ آہ! میں نے اپنے حلف سے بڑھ کر تجھ سے محبت کی۔۔۔ مگر تو خاموش کیوں ہے؟ تجھے مجھ سے محبت نہیں۔۔۔ آہ! تجھے مجھ سے محبت نہیں! تو مجھے ضرور کسی سازش سے خبر دار کرنے آئی ہے۔۔۔ مگر تیرے بغیر زندگی کا کیا لطف (سازشی باہر بازار میں کچھ گنگناتے ہیں)

ویرا: آہ! تباہی! بربادی!!

زار: نہیں! ویرا تو یہاں محفوظ ہے۔ صبح ہونے میں صرف پانچ گھنٹے ہیں پھر کل میں تجھے عوام کے روبرو لے چلوں گا۔۔۔

ویرا: کل۔۔۔!

زار: تیری تاج پوشی کی رسم خود اپنے ہاتھوں سے اس کلیسا میں ادا کروں گا جسے میرے آبا و اجداد نے تعمیر کرایا تھا۔

ویرا: (زار سے زبردستی ہاتھ چھڑا کر) میں انقلاب پسند ہوں۔ تاج نہیں پہن سکتی۔

زار: (ویرا کے قدموں پر گر کر) میں بادشاہ نہیں، محض ایک لڑکا ہوں جو اپنے حلف اور عزت سے بڑھ کر تجھے پیار کرتا ہے۔ عوام کا دلدادہ ہونے سے محب وطن بن سکتا تھا۔ مگر تیری محبت کی وجہ سے غدار ہوں۔۔۔ آؤ! یہاں سے چلے جائیں اور عوام میں سکونت اختیار کر لیں۔ میں تاج پوش نہیں! کسی دہقان اور غلام کی طرح تیرے لئے محنت مشقت کروں گا! آہ! خدا کے لئے تو بھی مجھ سے تھوڑی سی محبت کر!!

(سازشی بازار میں بول رہے ہیں)

یہ صرف ہوا اور بارش کا شور تھا۔۔۔ رات بہت طوفانی ہے۔ (سازشی باہر بازار میں بولتے ہیں)

ویرا: ایسا ہی ہو گا! آہ مگر تمہارے محافظ کہاں ہیں؟۔۔۔ تمہارے محافظ کہاں ہیں؟

زار: کیوں ؟ اپنے اپنے ٹھکانوں پر ہوں گے۔۔۔ میں تلوار میں گھرا ہوا نہیں رہ سکتا۔

عوام کی محبت بادشاہ کی بہترین محافظ ہے۔

ویرا: عوام کی محبت!

زار: پیاری تم یہاں محفوظ ہو۔ یہاں تمہیں کوئی گزند نہیں پہنچا سکتا۔ آہ! مجھے معلوم تھا کہ تمہیں مجھ پر اعتماد ہے۔۔۔ یہی تم نے ایک دفعہ کہا تھا۔

ویرا: مجھے اعتماد ضرور تھا۔۔۔ آہ پیارے! ماضی دھندلے خواب کی طرح معلوم ہوتا ہے جس سے ہماری روحیں بیدار ہوئی ہیں۔۔۔ آخر کار صحیح زندگی مل گئی۔

زار: ہاں! حقیقی زندگی؟

ویرا: ہماری سہاگ کی رات! آہ مجھے آج کی رات حسین جام الفت پی لینے دو۔ نہیں! پیارے ابھی نہیں، ابھی نہیں کس قدر جلد ہے۔ لیکن مجھے معلوم ہوتا ہے کہ فضا راگنیوں سے معمور ہے۔۔۔ یہ نغمہ کسی آتش نفس بلبل کا ہے جو اپنا آشیانہ چھوڑ کر ہم محبت کرنے والوں کے پاس چلی آئی ہے۔۔۔ یہ صدا بلبل کی ہے۔۔۔ کیا تم نہیں سن رہے؟

زار: آہ پیاری! میرے کان بجز تیزی نقرئی آواز کے دنیا کی تمام شیریں آوازوں کے لئے بہرے ہیں۔ اور میری آنکھیں تیرے علاوہ تمام حسین چیزوں کے لئے اندھی ہیں ۔۔۔ ورنہ میں اس بلبل کا نغمہ نہ سنتا اور طلائی کرنوں والے آفتاب کو مشرق سے حسد کے مارے چھپ چھپ کر طلوع ہوتے نہ دیکھتا۔ اس لئے کہ تو اس سے کہیں حسین ہے۔

ویرا: مگر کاش تم نے اس بلبل کو سنا ہوتا۔۔۔ میرے خیال میں وہ پھر کبھی نہیں گائے گی۔

زار: یہ بلبل نہیں بلکہ خود محبت انتہائی مسرت میں راگ الاپ رہی ہے۔ کہ یہ تو اس

کے پرستش کرنے والوں کی ساعت ہے۔ آؤ! باہر چل کر میناروں کو نصف شب کا پیغام دہراتے سنیں۔ ہماری شب عروسی!۔۔۔ یہ کیا؟۔۔۔ یہ کیا؟

(ساز شی بازار میں با آواز بلند پکارتے ہیں۔)

ویرا: (اس کے پہلو سے نکل کر سٹیج کی طرف بھاگتی ہے) براتی ابھی سے یہاں آ گئے ہیں !۔۔۔ ہاں ! تمہیں خونیں نشان ضرور ملے گا (اپنے سینے میں خنجر بھونک لیتی ہے) تمہیں نشان ضرور ملے گا (کھڑکی کی طرف بھاگتی ہے)

زار: (کھڑکی اور ویرا کے درمیان کھڑا ہو جاتا ہے اور اس کے ہاتھ سے خنجر چھین لیتا ہے) ویرا!

ویرا: (زار سے چمٹتے ہوئے) مجھے خنجر واپس دے دو! مجھے خنجر واپس دے دو! بازار میں ایسے شخص موجود ہیں۔ جو تمہاری جان کے طالب ہیں! تمہارے محافظ تمہیں دھوکہ دے گئے ہیں!۔۔۔ یہ خونی خنجر نشان ہے۔ کہ تم مر گئے ہو۔ (بازار میں ساز شی شور کرنا شروع کر دیتے ہیں) آہ! ایک لمحہ بھی ضائع نہیں کرنا چاہئے! خنجر کو باہر پھینک دو! اب مجھے کوئی چیز نہیں بچا سکتی۔ خنجر زہر میں بجھا ہوا تھا۔ موت ابھی سے میرے دل میں کروٹیں لے رہی ہے۔

زار: (خنجر کو ویرا کی گرفت سے دور کرتے ہوئے) موت میرے دل میں بھی سرایت کر چکی ہے۔۔۔ ہم اکٹھے مریں گے۔

ویرا: آہ پیارے! پیارے!۔۔۔ مجھ پر رحم کرو۔ بھیڑیئے تمہاری تاک میں ہیں۔ تمہیں آزادی۔۔۔ روس۔۔۔ میرے لئے زندہ رہنا چاہئے! آہ! تم مجھ سے محبت نہیں کرتے۔ تم نے ایک دفعہ مجھے سلطنت پیش کی تھی۔ اب یہ خنجر مجھے دے دو۔۔۔ میری موت تمہاری زندگی کی خاطر۔۔۔ یہ کون سی بڑی بات ہے۔

زار: موت کی تلخی میرے لئے اب کچھ اثر نہیں رکھتی۔

ویرا: آہ! وہ دروازہ توڑ کر اندر داخل ہو رہے ہیں! دیکھو تمہارے پیچھے یہ کون خونی آدمی کھڑا ہے۔ (زار ایک لمحہ کے لئے پیچھے مڑ کر دیکھتا ہے) آہ!

(ویرا خنجر چھین کر پھینک دیتی ہے)

سازشی: (بازار میں) زندہ باد عوام۔۔۔

زار: یہ تم نے کیا کیا؟

ویرا: روس کو بچا لیا۔

(مر جاتی ہے)

(پردہ گرتا ہے)

***